日本語リテラシー

滝浦真人

JN112410

（改訂版）日本語リテラシー（'21）

©2021　滝浦真人

装丁・ブックデザイン：畑中　猛

s-34

まえがき

　「日本語リテラシー」という聞き慣れない名前のこの科目は、放送大学で初めて、2016年度から開設された。日本語で育ち、日本語で生活している人を主なターゲットとした、日本語科目である。今回それを改訂しリニューアルした。

　日本の大学で日本語の授業というと、かつては外国人留学生向けの日本語のことと決まっていたが、最近では初年次教育の一環として、日本語母語話者を対象とした授業が多くの大学で開講されるようになった。その大きな眼目となっているのが、ライティング、つまり、授業を受けてレポートを書いたり、勉学の成果を卒業研究のようなまとまった形にしていくときに必要となる、知識や技能の習得である。

　この科目もライティング科目の1つである。しかし同時に、これが狭い意味でのライティングに特化した科目ではないことも、あらかじめ述べておきたい。書いて表現するというアウトプットを到達点として描きながら、そこに至るまでのプロセス全体に目配りするという考え方を採った。そこには、書くための糧として、他人の書いたものを読んで理解したり要約することや、出発点からたどって行って書く内容を構成することも含まれる。さらには、どちらかというと書き言葉に特徴のある「日本語」で書くということにまつわる事情にも触れることにした。

　そうして、"知る・読む・考える"ことに習熟しながら"書く"ことを学ぶというのが主眼となった。科目名を「日本語ライティング」ではなく「日本語リテラシー」とした所以である。「リテラシー」とは、文字どおりには"読み書き"能力のことだが、ある仕組みなどについて「知識があり活用できる能力」という意味で用いられることが多い。4つの領域を一冊に収めた本ということで、全体を見渡しながら、かつコンパクト

4

に、知識と活用力を学んでいただけたらうれしい。

　とりわけ"書く"ことについて、文章が上手になるには上手な人に添削してもらうことが必須だと思っている人も少なくないだろう。テレビの授業でそれがどうやって可能なのか？と思いもするかもしれない。しかしこの授業では、そういう考え方を採らない。むしろ、最終的には自分で書いた文章を他人の文章のように直すことができたときに、最も効率よく自分の文章を直すことができる、と考える。

　大学には文系も理系もあり、文系の文章は情緒的で理系の文章はビジネスライク、といった感覚を持つ人もいるだろうが、そんなことはない。実務的・学術的な文章で必要になる基本的技能は分野を問わず同じである。それと関連して、書く内容も大事だが、書く方法を意識することが文章上手への道であるという考えを採る。この教科書はいわゆる『文章読本』ではない。名文である必要はないが、誰が読んでもわかる文章を書けるようになることを目指す。これまで自分が持っていた文章観を一旦カッコに入れて、しばしお付き合いいただけたら幸いに思う。

　教科書作成の過程で、匿名の査読（フレンドリー・アドバイス）をしてくださった、学習センター所長ないし客員の先生にお礼を申し上げたい。編集の労をとってくださった香原ちさとさんにも感謝したい。

　コロナ禍下にあって様々な工夫と配慮をしながら制作に当たってくださった、放送授業の制作スタッフにも感謝したい。小林敬直プロデューサー、加藤愛ディレクター、須佐麻美ディレクター、小林ほなみデザイナー、ありがとうございました。"相棒"マーくんの操演と声を同時にこなす松本健太さん、マーくんや「ことのはちゃん」の生みの親、小川ちひろさんはじめ、人形劇団ひとみ座の皆さんに感謝します。

2021年2月
滝浦真人

目次

1 | 日本語を書こう

《目標＆ポイント》　「日本語リテラシー」とは何かを概観する。文章には目的によって種類があることを押さえた上で、一読してわかる説明的な日本語が書けるようになるという科目の目標を理解する。
《キーワード》　文章の種類、説明ということ、正しさとわかりやすさ

1. 文章には方法がある

　私がこの書物の読者と想定するのは、ひろい意味でのアカデミックな世界の、老若男女を問わない学生や社会人だ。これらの人たちが学業や仕事でものを書くとき、——学生ならば大学のレポートや卒業研究でものを書くとき——に役立つような表現技術のテキストを提供したい、と私は考えている。主眼は作文技術にあるが、その基盤となる日本語の性格についても触れる予定である。

　この書き出しは、実務的・学術的な文章作法を説いた代表的な参考書、木下是雄『理科系の作文技術』（中公新書624）[1]「この書物の目標」（p.3）の書き出しをパロディにして本書向けに直したものである。タイトルに「理科系」をうたっているが、その内容は実務的・学術的な文章であれば文科系でもほとんど通用するもので、現在でもひろく参照されている。本書は『日本語リテラシー』で少し角度が異なるとはいえ、**「他人に読んでもらうことを目的として書く」「仕事の文書」**——レ

1）著者の木下氏は物理学者で学習院大学学長などを歴任、2014年没。1981年の刊行以来、この書は現在でも版を重ねており、2016年3月に累計100万部を突破するロングセラーとなった。

ポートや論文なども含めて木下はこう呼ぶ——を書くときの構えなど
は、まったく共通しているので、敬意を表して拝借した。読者対象が
「ひろい意味での理科系の、わかい研究者・技術者と学生諸君」となっ
ていたのを放送大学の幅広い学生諸氏向けに変えたのと、最後のところ
で「口頭発表の要領にも触れる」とあったのを「日本語」の方に少し振
り向けた。「事実と意見」をはじめとする重要な点については、次章以
降で具体的に触れていくこととし、本章では、こうした教科書がなぜ必
要か？何を目指し、そのために何をするか？といった背景的な事柄を押
さえたい。

　第一に、**話すことと書くことの違い**を理解したい。本書は主に、日本
語を母語とし日本語で生活している人を対象とする。「日本語リテラ
シー」という言葉だけで見ると、狭い意味では"日本語の読み書き"であ
るので、外国人などの日本語学習者に対する日本語教育との共通性を思
い描く人もいるだろう。しかし、本書の「日本語リテラシー」と外国人
に対する日本語教育とは、大きな点で異なっている。本書が対象とする
読者は、読み書きまで含めて基本的に日本語に不自由がない人であるの
に対し、いわゆる日本語教育が対象とするのは、読み書きだけでなく、
話すことから学習している学習者である。本書は、基本的に不自由がな
い中で、「**他人に読んでもらうことを目的として仕事の文書を書く**」能
力に焦点を当て、それを身につけ、あるいは高めるために必要なことを
学んでもらうために書かれている。

　第二に、**文章の目的と方法に関わる点**を理解したい。他人に読んでも
らうことを目的とした仕事の文書を書く能力は、**母語話者なら自然に身
につくという性質のものではない**。たとえば、詩や小説を書いたり俳句
や短歌を作ると聞けば、ある特殊な能力によって可能になることと理解
されやすいが、他人が読んでわかる客観的な文章を書くというだけで

は、特別な能力や訓練が必要というよりも、慣れや成長の問題などと思われやすいかもしれない。ところが実際は、**文章にはすべて目的があり、目的が異なれば必要な要素も異なり、語り口も異なる**。目的に応じて文章の種類があるとすると、実は**書き手に求められるものも文章の種類ごとに違う**ことになる。けれども、いざ書くとしたら重要であるはずのこうした情報や知識について、学校ではあまり教わることがない。

　実務的あるいは学術的な文章を書くことを考えたとき、小学校以来の「作文」教育も微妙な影を落とす。自由な作文にせよ読書感想文にせよ、「思ったまま、感じたまま」を書くようにと指導された記憶があるだろう。思ったまま、感じたままをそのまま言葉にできるとしたら、それだけで十分文才があると言わなければならないが、それはともかく、**実務的・学術的な文章を書く際には、「思ったまま、感じたまま」を書くことが期待されることはない**、と言わなければならない。実際、エッセイのような文章と大学の課題レポートのような文章では相当異なっており、書くのに必要な能力もかなり違っている。後者のタイプの文章は、書かれた事柄を読み手に正確に理解した上で共有してもらうことが目的であって、情緒的に共感してもらうことが狙いではない。だから書き手は、**むしろ"自分"を消して、また"相手"が誰であるかによらず、誰が読んでもわかってもらえるように書かなければならない**。それは、「思ったまま、感じたまま」ではなく、**いかにして事柄を客観化して書けるか**という問題となる。

　実務的・学術的な文章を書く構えとして、『理科系の作文技術』から1箇所引用しておきたい。

　　私が理科系の仕事の文書の文章はかくあるべきだと考えている姿…
　　の著しい特徴は、〈いい文章〉というときに多くの人がまっさきに

　　期待するのではないかと思われるもの、すなわち「人の心を打
　　つ」、「琴線にふれる」、「心を高揚させる」、「うっとりさせる」とい
　　うような性格がいっさい無視されていることである。(p.9)

「いっさい無視されている」という表現の強さに驚くかもしれない。だ
が、多くの人が「名文」の条件と考えるような"感動"的な要素は、「仕
事の文書」ではむしろ邪魔になる。**感動を共有できなければ内容自体が
受け取れなくなってしまうような文章は、「仕事の文書」には望ましく
ない**。誰であっても、仮に反対の考えを持った人であっても、書かれた
ことは理解し共有できるような文書が、「仕事の文書」の理想となる。
本書も同じように考える。

　目的によって求められるものが違うのであれば、**目的に応じた書き方
の「方法」がある**はずだろう。本書は、実務的・学術的な文章を最も意
識しながら、15章全体を通して、そうした方法を明確にし、必要なこと
を1つずつ具体的かつ実践的に解説していく。本題に入る前に、第1章
では頭の準備体操をしてもらいたい。「方法」ということを意識するた
めに、以下、説明的な種類の文章を取り上げ、試しに書いたり、味わっ
てもらおうと思う。いかに文章が目的によって異なるかを実感してほし
い。

2. 文章には目的がある―文体練習で意識しよう―

　少々突飛な問いをかけたい。突飛だが大真面目なので、ぜひ馬鹿にせ
ず、実際に手を動かし頭を働かせて文章に書いてみてほしい。

Q.
ここ二三日の間に自分や家族など身の周りで起きた事柄を1つ選び、それをテレビの「ニュース」のスタイルで書いてみよう。

　「自分」という指定なので、筆者も自分の暮らしを振り返って、身の周りで起きた出来事を1つ、ニュース風に書いてみた。アナウンサーが読むように読んでみてほしい。

A.
　強化ガラスの鍋底に三角形の穴が空くという事件が起こりました。昨日午後1時ごろ、東京○△区の民家で、この家に住む滝浦真人さんが昼食後に食器洗いをしていたところ、手が滑って洋食用のナイフが柄から鍋の上に落ち、拾い上げてみると鍋底に三角形の穴が空いていたとのことです。滝浦さんは、ナイフが真っ直ぐに落ちたため狭い範囲に力が集中して、丈夫なはずの強化ガラスに穴が空いたのではないか、15年間使ってきたのに残念ですと話していました。

　大事なのは内容ではなく――「昨日」というのが正確でない以外は本当の"事件"だが[2]――、**文章のスタイル**である。スタイルとは狭義には「文体」のことだが、それだけでなく、どういう順に何を述べるか、それをどういう語り口で述べるか、最後をどのように締めくくるか、といったすべてが含まれる。そうした特徴を意識しながら"ニュースらしさ"を込めるつもりで書いた。そういう意味で大きいのは、上の文章が、自分のことを書いているにもかかわらず、すべて三人称のスタイル

2）事柄としては「事故」が適切かと思われるが、当人にとっては驚きと衝撃の出来事だったので「事件」とした。

になっていることである。ニュースはふだんいくらも見ていて誰もがよく知っているのだが、逆に当たり前になりすぎて、ニュースのスタイルがあるということに気づきにくくなっているかもしれない。

　通常とは異なる事柄を無理やりニュース風に書いてもらった意図は、そのスタイルにあらためて気づいてほしいということだった。ニュースでは、まず見出しに相当する概要が短く語られる。その次に、**いつ・どこで・誰が・何を**、といったいわゆる**５Ｗ１Ｈの要素**が述べられ、そこがニュースの核心部分となる。その後で、出来事の原因や背景についての解説や、当事者の話が紹介されて終わる。**ニュースにはたしかにこうした"構造"がある。**

　構造があるということは、それを知らなければニュースらしい文章は書けないことになる。各自の答えがどれくらい"ニュースらしい"かは、どれくらいニュースの構造や要素を思い出せたかによるが、それでも、頭のどこかに蓄積されていればこそ、それらしいものが書ける。もしまったく知らなければ書くことはできない。つまり、**文章が書けるようになるためには、何を目的とした文章なのか？構造や要素はどうなのか？といったことをまず理解する必要がある。**

　文体を様々に変えて書くことを文体練習というが、文章の種類や方法を意識するのに文体練習はうってつけと言える。もう１つ、他人を紹介する文章というのを見てみたい。ニュースほどはっきりした形はないが、１つ言えることとして、「紹介文」のつもりで書くと、その人物を自分が「好き」だといった直接的な情緒的表現が出にくくなる。それによって、人物が少しだけ"客観化"されたような印象となり、**事柄に対する距離感が変わってくる。**

　１つ、ユーモラスな例として、結婚式の余興でよく読み上げられる「花嫁（花婿）の取扱説明書（トリセツ）」を挙げよう。新婦（新郎）を物扱いする

のは不謹慎とも言えるが、あえてそうすることで対象が客観化されて可笑しみが出る[3]。こんな風に書かれることが多いだろうか。

　○○（新婦）さん取扱説明書

　品　　名　　　　　箱入り娘
　お買い上げお客様名　　（新郎）様

　このたびは、○○（新婦の名前）さんをお買い上げいただき誠にありがとうございます。この取扱説明書には、○○さんを正しく、優しく使用していただくための必要事項が書かれています。新婚生活の前に必ずよくお読みいただきますようお願いいたします。いつでも確認できる場所に保管して、夫婦げんかなど緊急事態の場合には、忘れずにお読み返しください。

【○○さんご使用上の注意点】

１．他の男性の手の届かない所に大切に保管してください。

２．強い衝撃を加えますと口をきかなくなる恐れがあります。

３．美味なスイーツと上等なワインには目がありませんので、必ず定期的にお与えください。

…

【保証に関してのご注意】

１．結婚式後の返品・交換は受け付けておりません。いつまでも、大切にお取り扱いください。

２．品質につきましては、深い愛情により維持・向上することができます。

３．万が一故障した場合には私たちが無料で修理にお伺いします。

3）ここでは「花嫁」の例を挙げるが、同様に「花婿」のトリセツもある。

...

内容をそのまま言葉にしたら説教がましくてうるさく思われもしそうなところを、正しい（優しい）取り扱い方の**説明**として述べることによって、相手は受け取らざるを得なくなってしまうところが面白い。

客観的な文章は一通りでない

　客観的な文章について、ともすると誤解しがちなことがあるので、少し付言しておきたい。言葉で客観的に表すといっても、何か**定義みたいな"正しい"とらえ方が一通りだけあるわけではない**。さらに、**客観的であることと読んでわかりやすいことは別**である。試しに、辞書の定義を１つ挙げてみる。

　　「紙」
　　紙とは、植物などの繊維を絡ませながら薄く平に成形したもの。日本工業規格（JIS）では、「植物繊維その他の繊維を膠着させて製造したもの」と定義されている。
　　広義の紙は、直径100マイクロメートル以下の細長い繊維状であれば、鉱物、金属、動物由来の物質、または合成樹脂など、ほぼあらゆる種類の原料を用いて作れる。例えば、不織布は紙の一種として分類されることもある。しかし一般には、紙は植物繊維を原料にしているものを指す。製法からも、一般的な水に分散させてから簀の子や網の上に広げ、脱水・乾燥工程を経て作られるもの以外に、水を使用しない乾式で製造したものも含まれる。
　　…〔中略〕…
　　やがて製法に工夫がこらされ、日本では和紙の技術確立とともに

発展し、江戸時代には襖や和傘、提灯・扇子など建築・工芸材料にも用途を広げた。西洋では工業的な量産化が進行し、木材から直接原料を得てパルプを製造する技術が確立された。

（インターネット上の百科事典『ウィキペディア』より）

非常に厳密な書き方であることはわかる。しかし、たとえば「紙」というものを知らない人に教えようとしてこの文章を読ませても、あまり像を結ばないだろう。定義という文章にはその目的があり（他の類似物との区別を明確にしたい等）、それはしばしばわかりやすさとはかなり別のところにある。もし「紙」のイメージを明確に持てるようにということを目的とするなら、文章のあり方は大きく異なったものとなるだろう（説明の文章のタイプや書き方は第 8 章や第 9 章で取り上げる）。とりあえずここでは、表現とは対象をどこかの断面で切り取るようなことだから、**切り取る断面が違えば当然見える切り口も違う**ということを理解しておきたい。

3.　本書の内容

　以下、冒頭に掲げた目標に向けて一歩ずつ進んでいく。この教科書の最大の目的は、他人が読んでわかるような説明の文章が書けるようになることである。とはいえ、**"書く"ためにはそれ以前に"読む"ことと"考える"ことがしばしば前提になる**。また、読むことの方法と書くことの方法は関係が深い。さらには、この**「日本語」という言語の様々な性質が、読んだり書いたりすることに影響している**。ならば**日本語について"知る"**ことが助けになるところもあるだろう。そうしたことをふまえ、**"書く"だけでなく、"知る""読む""考える"ための方法とスキル**（技能）を合わせて身につけてもらうために、6 つの角度からアプローチする。

初めに１つずつポイントを押さえておこう。

Ⅰ．日本語との付き合い方

文字と表記　　　　　　　（第２章）
和語と漢語と外来語　　　（第３章）
「は」と「が」の語り　　（第７章）

　文字と単語と文について、**日本語のことをよく知ろう**。日本語を書くには、**漢字とひらがなとカタカナという３種類の文字**を使う。これらの文字は仕組みも異なる。日本語を書くには、単語にも種類がある。**元々日本語にあった和語と中国語から入った漢語と、そして西洋の言語から入った外来語**がある。こうした文字と単語には、実はいろいろな使い分けが隠れている。それを知ろう。言葉を発するとき、意味をもったまとまりとしては文が単位となるが、**日本語で文を作るとき、「は」と「が」をどう使うかで大きな違いが出る**。そのことに習熟しよう（「論理」との関わりも深いので、少し後ろの章で取り上げる）。

Ⅱ．読むスキル

まとまりを読む　　　　　（第４章）
つながりを読む　　　　　（第５章）

　書く前に読むことは多いし、読むものも誰かが書いたものだから、書くための勉強になる点はたくさんある。そこで、文章を読む方法を学ぼう。ポイントが２つある。まず、**文章はバラバラではなく"まとまり"として読む必要がある**。大事な点をどうやって見つけ、まとまりをつくるかの方法を身につけよう。まとまりがわかっても、まとまり同士がどういう流れとしてつながっているかがわからないと、文章の全体がわからない。それが２つ目のポイントとなる。**文章の"つながり"を読む方法**を

理解しよう。

Ⅲ．考えるスキル

　"つながり"は"まとまり"の中にもある。小さな要素同士をどうつなぐかで、論の展開も大きく変わる。私たちが何かを考えるときも同じで、要素同士をどうつないだらきちんと収まるかを考える。まずは"つなぐ"ことが「論理」の第一歩と考え、接続語の理解を深めよう。

　少し間を空けて、ものを考えて何かを導き出すというプロセスについて学ぶ。「推論」ということについて、どのようなパターンが可能でどのようなものは不可であるか、また、大きなタイプとして、**演繹と帰納**のような**トップダウン型の推論とボトムアップ型の推論**などについて学び、自分が考えを導く方法が正しいかどうかを自分で判断できるようにしたい。有名な「三段論法」についても触れたい。

Ⅳ．書くスキル

　本書が目標とする文章の典型は、何かを説明する文（説明文）である。**説明文で求められることは何なのか**、また、自分の意見を主張する文（意見文）とはどこが違うのか、といったことを理解する必要がある。説明文に習熟することが大きな一歩となる。文章と文体は切っても切れない関係があるが、**説明文に最もふさわしい文体はどのようなものかについても考える**。特に、日本的な「起承転結」の文体が意見文的で

あることを見て、そうでない文体との比較を通して、文体を意識できるようになりたい。

V．レポートを書く

論点の整理まで　　　　　（第12章）

調べる・考察する　　　　（第13章）

　ここまで学んだことの集大成として、**少し分量と内容のあるレポートを書くプロセス**を、2章にわたって具体例でシミュレーションしながら疑似体験しよう。**タイトルを決める**ところからすでに考えるべきことがいくつもあり、自分の**考えたい**問題意識を明確にすることも重要となる。考察に当たっては、**文献をはじめとする資料**が欠かせない。それらの見つけ方に習熟する必要がある。それらをふまえた考察によって、**自分で立てた問いに自分で答えを出す**のがレポートであることを理解しよう。

VI．実践のスキル

自己添削の方法　　　　　（第14章）

　文章が書ける人は、自分で自分の文章を添削して直している。ならば、そのときのチェックポイントをリストにし、同じことができるようにすればいいのではないか？　それが「**自己添削**」の発想である。これによって、少なくとも自分の文章の癖に気づくことはできる。気づけることが直せることの第一歩である。

　さあ、では「日本語リテラシー」の旅を始めよう！

2 | 日本語との付き合い方①：
文字と表記

《**目標＆ポイント**》　2回にわたって"準備運動"を行う。まず、日本語の大きな特徴である文字と表記を取り上げ、文字法や句読法が日本語を書くことに与えている影響について考え、実践の中で理解する。
【**キーワード**】　文字種、表記、句読法、書き分け

1. 漢字とかなとカナ

　"読み・書き・話し・聞く"という言葉の4つの側面についていえば、日本語は"書く"ことに最も大きな特徴があると言えるかもしれない。それは、書くために用いられる文字の種類が多いことで、現代日本語では、漢字と仮名という仕組みの異なる文字が使われ、さらに仮名にはひらがな（平仮名）とカタカナ（片仮名）の2種類があり、加えてアラビア数字（1、2、3…）が使われる。漢字は元々中国語の文字であり、中国語は今でも漢字（とアラビア数字）だけで書かれる。一方、仮名というのは五十音に対応していてその音を表す。世界の（文字をもった）大多数の言語は音だけを表す文字を使って書かれる——その代表格がヨーロッパ系の言語でお馴染みの「アルファベット」である。こうした事情にまつわる頭の体操から始めよう。

Q.

次の例はどれも、日本語の文字の使い方として自然とは言えない。
その原因は何だろうか？　さらにそこから、ひらがな、カタカナ、
漢字という文字種が通常果たしている役割について考えてみよう。

(a) ぱあそなるこんぴゅうたあ

(b) メンタイコノチャヅケ

(c) 夜露死苦

漢字というのは、**一つ一つが文字であると同時に、実はそれ自体が単
語でもある**という特徴をもっており、その性質をとらえて**「表語文字」**
と呼ぶ。他方、**音を表す文字は「表音文字」**と呼ばれる。これらの用語
を使うなら、日本語は表語文字と表音文字を併用して書く言語であり、
かつ**「漢字仮名交じり文」**のように常態的に両者を交ぜて書く方式は、
他にあまり例がない[1]。

　表語文字や表音文字の性質から考えれば、両者の併用が最大の効果を
発揮するのは、熟語など語句としてのまとまりを漢字で書きながら、助
詞や助動詞といった文法的な働きを担う部分は仮名で書くような場合だ
と言える。次の例などがその典型だろう。

　(1) 明日は夕方から夜にかけて平野部でも積雪があるでしょう。

1) 韓国・朝鮮語は日本語と似ていて、元々漢字を利用していたところに、ハング
ルと呼ばれる表音文字が加わった。しかし、歴史的に見ると、「漢字ハングル交じ
り文」は日本語の場合ほど定着しなかった。また、第二次大戦後は、韓国、北朝鮮
とも、漢字廃止の方向に動いた。
　また、漢字は「表意文字」だと教わった人も多いだろうが、本当に文字が意味を
そのまま表していたと言えるのは、「山」や「川」のような「象形文字」と、「一・
二」や「上・下」のような「指事文字」ぐらいである。それらは漢字全体の中では
ごく一部にすぎないので、あまり正しくない。

　漢字の表語性は強力だから、「明日／夕方／夜／平野部／積雪」と漢字の部分を拾っただけでも、全体の大意はつかむことができる。情報がほしいだけでざっと読む場合など、私たちは実際こんな読み方をしているだろう。ではすべてこの調子で書けるかというと――そうなら話は大変わかりやすくて簡単だが――、そうはいかない。「熟語など語句」といっても、元々の日本語にあった語（和語）には漢字で書けないものや、少なくとも活用などの送りがなが必要なものも多い。そうして、仮名の部分は、内容の細かい意味を定めたり補ったりする働きをしている。

　それはいいとして、仮名については、１つ大きな疑問が湧いてくる。漢字と仮名、という役割分担はわかるが、仮名がさらに「ひらがな」と「カタカナ」に分かれている理由は何だろうか？　否、それ以前に、仮名は１種類あれば十分ではないのか？

　カタカナといえば外来語が思い浮かび、外来語を書き表すのはひらがなでは相応しくないから、と考える人も多いかもしれない。しかし、外来語を書き表すだけのためにわざわざ別の文字体系を追加して採用するのでは、“費用対効果（コスト・パフォーマンス）”が悪すぎないだろうか。たとえば、英語にも外来語はたくさんあるがすべてアルファベットで書かれるし――'sushi' も 'samurai' も――、中国語ではすべて漢字で書かれる――「コカ・コーラ」は“可口可楽[2]”であり「マクドナルド」は“麦当労”である。なぜ日本語にひらがなとカタカナがあるのか？という問題は、実は意外に根が深い。

　ひらがなとカタカナが、それぞれどんな必要によって作られたものか、ご存知だろうか？　発生はどちらも平安時代初期（９世紀）ごろと考えられるが、当初から使われ方、つまり使用の目的が異なっていたことが知られている。ひらがなの方は、歌文を記すために使われるように

2）漢字の字体は日本で使われているものに合わせる。

なり、『古今和歌集』で公式に用いられた。さらに、『土佐日記』では紀行文を書くのに用いられた（いずれも10世紀前半）。歌にせよ日常の出来事にせよ、基本的に**和語（大和言葉）の世界**であり、それを書き記す道具として**ひらがな**が定着していった。

　では**カタカナ**は？と言われると、あまり聞いたことがないかもしれない。わかりやすさのために少し思い切った言い方をするなら、**カタカナとは、中国語を日本語風に読むための補助記号**として考案された文字である。通常このことの説明には「漢文の訓読」という言い方をする習慣だが、実際にしていたことは、当時の"グローバルな言語"の1つだった中国語を日本語に置き換えて読むことであり、語順を入れ換えたり語尾や助詞を補ったりする工夫がなされた。そのための道具が、語順に関する「返り点（レ点）」「一二点」や、読み方を補うカタカナだった。補助記号としての出自を反映してか、流派による変種が多かった。

A．表記法と基本の機能

　ようやく冒頭の問いに答える準備ができた。日本語における漢字とひらがなとカタカナの基本的な役割分担は、実は次のようになっている。

> **漢字は熟語など語句を表し、**
> **ひらがなは言葉としてのまとまり（や部分）を表し、**
> **カタカナは音に忠実に言葉を表す。**

仮名は表音文字で、そうである以上仮名は音を表す、という言い方は正しい。しかしそれではひらがなとカタカナの役割を区別できない。そこまで踏み込んだのが上のまとめである。和語（大和言葉）とは本来は漢字で書かない言葉であり、ひらがなはそれを書く。音の連なりでできて

いるとしても、それは言葉である。それに対して、中国語という外国語はいうまでもなく"よその言葉"であり、書き表すのはまずもってその"音"である。カタカナは、言葉の意味をとるよりも、読み方を指定するのが基本の働きだった。

　では問いに答えておこう。外来語にカタカナを使う習慣は、それがはじめから"よその言葉"の読み方を示す道具だったことに由来する。英語で 'personal computer' と言われるものは「パーソナルコンピューター」と読むべきものである、ということを示すのがカタカナ表記の基本的機能である。それを、(a)「ぱあそなるこんぴゅうたあ」のようにひらがなで書いてしまうと、いわば一気に"日本化"してしまい、元来日本的なものであるかのような（おかしな）ニュアンスを帯びてしまう——あえてそうした表記を用いて「ぽえむ」などと書いているのは、このことを逆手に取った演出のようなものと言える。

　(b)「メンタイコノチャヅケ」は、意味を了解するまでにそれなりの時間がかかったのではないだろうか？　それは、この表記が"音"しか表さないために、そこから単語を再構成して全体の意味を把握するまでの処理プロセスが余計にかかるからである。ここで表されているのはまずもって茶漬けという食べ物であり、そこには明太子という具が乗っている。そうしたまとまりを意識するなら、漢字かな交じりの「明太子の茶漬け」が選ばれるだろう。ひらがなだけの「めんたいこのちゃづけ」は、言葉の切れ目を見つけるのに若干の時間を要するが、それがわかってしまえば、「めんたいこ」の「ちゃづけ」であることが了解される。ひらがなは、ただ音を表す道具ではない。

　(c)「夜露死苦」は、高架下のコンクリートに書かれたスプレーの落書きという印象だが、この表記の特徴は、漢字の表語性をまったく無視して、表音文字であるかのように用いているところにある——仮名が発明

される以前に漢字を仮名のように用いた「万葉仮名」と同じ使い方である。では、仮名書きした「よろしく」と同じなのかと問われれば、相当に違う印象だと言うしかない。「夜露死苦」では、音しか表さないはずの1文字1文字が「夜の露」や「死の苦しみ」といった余計なイメージを喚起する結果、全体からあるおどろおどろしさの雰囲気が漂うからだろう[3]。

2.　ひらがなをいつ使うか？

　原理的な話を押さえたところで、次には表記法の実践的な使い分けについて、問題となりやすいところを何点か見ておこう。まず、ひらがなについて、3点確認しておきたい。

ひらがなの"表語性"

　いま見てきたような次第で、ひらがなは表音文字でありながら、言葉の意味を指向するところがあり、ときとして"表語性"さえ帯びることがある。現代日本語で、「は」や「を」や「へ」と表記される助詞があるが、いうまでもなくこの表記は実際の発音を表していない。表音的には各々「わ」と「お」と「え」でなければならないところを、あえてそれを採用せずに過去の発音に対応する表記を用いている。これは、「は」や「を」や「へ」が1文字であっても日本語にとって重要な働きをする"単語"であることを再確認させるような使い方となっており、その意味では**表語文字的**に用いられていると言ってもいい。

　実はひらがなの表記法を見ると、表音的でない点が多くあることに気づく。たとえば、通常私たちは次のようには書かない。

3）私事だが、筆者の名前「真人」と同音の名前をもった格闘家がいて、それは「魔娑斗」と表記される。「真人」ではまったく強そうではないが「魔娑斗」だと強そうに感じられるのは、「夜露死苦」と同じ仕組みによる。また、昨今話題になることが多くなった、子どもの命名におけるいわゆる「キラキラネーム」でも、名前の読みとは無関係なそうした漢字の余剰的イメージがしばしば利用されている。

（2）きょーわおーきなぢしんがあってけーほーがでた。

もちろん慣れの問題でもあるが、こうした純表音的な書き方にすると単語の切れ目に関する手がかりが少なく、カタカナ書きと同じように読みにくい。ひらがなだけで書くとしたら（括弧内は漢字仮名交じり表記）、

（2）きょうはおおきなじしんがあってけいほうがでた。
　　（今日は大きな地震があって警報が出た。）

となるが、この表記が決して発音に忠実なわけではないことがわかるだろう（「ぢ／じ」については後述）[4]。ひらがな書きというのは、要は**前の時代の発音の名残をとどめた表記法**であって、その意味では現在の**実際の発音と一致しないことによって"語や句としてひとまとまり"であることを示している**と見ることさえできる。たとえば、文中で「てゆうか」と書いたら"誤り"として直されるだろうが、それは「というか」でひとまとまりの表現だとのとらえ方を表記が反映しているからである。

漢字？　ひらがな？

　2つ目の点は、**漢字とひらがなの使い分け**に関わる。現在の私たちは、次のようには書かなくなっている。

（3）然し、其処迄問題に成る事が予め判って居れば、準備の仕様もあった物を。

4）表記法の詳細について定めているのは、1946（昭和21）年制定、1986（昭和61）年改正の内閣告示「現代仮名遣い」である。文化庁のウェブサイトで公開されている。国語辞典類の付録にもたいてい入っている。
（http://www.bunka.go.jp/kokugo_nihongo/joho/kijun/naikaku/gendaikana/index.html［2020年2月最終閲覧］）

漢字とかなの使い分けに関して一般向けの公的・標準的なガイドラインは存在しないが、現時点での平均的な書き方としては、次のようになるだろうか（ともによく見かける表記は ⎱ ⎰ 内に併記）。

(3′) しかし、そこまで問題になることが ⎱予め／あらかじめ⎰ ⎱判って／分かって／わかって⎰ いれば、準備のしようもあったものを。

(3′) は (3) と次の点で異なる。まず、①「しかし」のような接続語、「そこ」のような指示語、「まで」のような助詞、「こと」「(し) よう」「もの」のような形式名詞については、ひらがなで表記している。次に、②「なる」や「いる」といった動詞もひらがなで表記している。一方、「予め／あらかじめ」のような副詞や「判って／分かって／わかって」のような動詞については、漢字もかなもあり得るというとらえ方をしている。

　このうち①は、その語が語彙的意味を表すか文法的（論理的）な意味を表すかにかかわっており、②は、実質的な意味を伴っているか形式的な意味を表すかにかかわっている。文法用語が出てきて煩わしいかもしれないが、具体例で理解してほしい。①の区別で語彙的意味を表す語は「内容語」と呼ばれ、文法的（論理的）意味を表す語は「機能語」と呼ばれる。例と合わせて下にまとめる。

・**内容語**：それ自体で具体的な意味を表す
　　　例：名詞「空」「人間」、動詞「走る」「生産する」、
　　　　　形容詞類「美しい」「幸福だ」、副詞「決して」「かなり」
・**機能語**：他の語と一緒に使われて文法的・論理的な意味を表す
　　　例：助詞「が」「から」、助動詞「(ら) れる」「ようだ」、

接続詞「しかし」「だから」、形式名詞「こと」「はず」

大きな使い分けとしては、**内容語には漢字を用い、機能語はかなで書く**というのが趨勢だと言えそうである[5]。ただし、副詞については語によって機能語的な場合もあり、漢字／かなで表記の揺れが大きい。

　②の実質的意味か形式的な意味かという基準は、より新しいと言え、まだ個人差も大きい。たとえば、(3) の「なる」についていえば、ある経緯を伴って何かが"成立する"という実質的意味で使われる場合には「成る」と漢字表記し、そうでない、たとえば「〜ことになる」のような場合はかな表記する、といった使い分けもある。類例としては、「持つ／もつ」「言う／いう」「見る／みる」など、基本的な動詞に多く、「持つ／もつ」では、実際に物を「持つ」場合は漢字で書き、そうでない、たとえば「言葉が意味をもっている」のような場合はかな表記する、あるいは、「言う」や「見る」についても、実際に「言う」ことを連想させたり、実際に目で「見」たりするのでなければ、かなで表記するといった使い分けになる。本書でも文脈によって両方の表記を採っている。

表記の矛盾？──「四つ仮名」の悩ましさ

　3つ目の点は、日本語の歴史的音変化の結果生じることになった問題である。漢字で書けばわからないが、かなで書くと表記法が矛盾しているように見える現象がある。次のようなかな表記に疑問を感じたことはないだろうか？

5）2010（平成22）年に「常用漢字表」が告示されたのに伴って、行政機関に対するガイドラインとして、「公用文における漢字使用等について」が定められた。そこでは、「したがって、ただし、かつ」等の接続詞、助動詞や助詞、また、「いる、こと、とおり、とき、ゆえ」等の語句の形式的な意味での使用については、原則ひらがなで表記するとされた。一方で、「私、誰」のような代名詞、副詞の多く、一部の接続詞は原則漢字で表記するとされている。ほかに、新聞社などでも用字法のガイドラインを公表している。

（4）　a．地に足が着かない。　（ちにあしがつかない）
　　　b．地震で目が覚めた。　（じしんでめがさめた）

こうした表記法は、注4で挙げた「**現代仮名遣い**」で定められているのだが、「地」が「ち」なのだから「地震」も「ぢしん」と書きたくなるのに「じしん」とするという扱いは、いまひとつすっきりしない。

　これは、「**四つ仮名**」と呼ばれる問題と関係している。五十音の中で「じ・ぢ・ず・づ」の4つは「四つ仮名」と呼ばれ、歴史的に発音が変化してきた。元々は、「じ・ず」が「摩擦音」と呼ばれる音で、「ぢ・づ」が「破裂音」（後に「破擦音」）と呼ばれる音で、異なった発音をもっていたが、室町時代後期ごろから混同が起こり始め、ついには多くの方言で、「じ・ぢ」と「ず・づ」の各々の発音の区別がなくなった。**現代標準語でも、文字と対応する形での発音の区別はない。**

　発音の区別がないのに表記だけ区別があった時代の方式を残しておくのは無駄が多いということで、「現代仮名遣い」で扱いが定められた経緯がある。そこでは、

　　・「じ」と「ず」を用いることを本則とする

とされた。それによって、たとえば「図」は「ず」と表記される。「地」も、清音の読みと濁音の読みがはじめから両方あるので、後者は「じ」で表記する——つまり、この場合は「ち」→「ぢ」とは見ない。それですべて通せればよかったのだが、実は具合の悪い場合が出てくるというので、例外規定を設けた。それは、

　　・2つの語が結合して「連濁」が生じた場合

　・同音の繰り返しである場合

である。前者の例としては、

　　(5)　a.「鼻（はな）」＋「血（<u>ち</u>）」→「鼻血（はな<u>ぢ</u>）」
　　　　　b.「朧（おぼろ）」＋「月（<u>つ</u>き）」→「朧月（おぼろ<u>づ</u>き）」

といったものがあり、元が「ち・つ」なのだから「ぢ・づ」になるのも
合点が行く。

　難しいのは同音の繰り返しという後者で、例としては「縮む（ち<u>ぢ</u>
む）」や「続く（つ<u>づ</u>く）」などがあるのだが、これが「同音の連呼」で
あるとわかるためには、元々「ち＋ち（＋む）」や「つ＋つ（＋く）」で
あることを知っていなければならない。その一方で、「著しい（いち<u>じ</u>
るしい）」や「無花果（いち<u>じ</u>く）」は「この例にあたらない」ので、
「ぢ」ではなく「じ」と表記する、という。しかし、「同音の連呼」か
どうかを判断する手がかりは語源的な知識以外にはなく、そうであれ
ば、記憶への負荷という点では、語の古い表記を丸暗記するのと変わら
ないことになってしまう。

　そのようなわけで、「現代仮名遣い」が合理的な言語政策だったと言
えるかどうかについては様々な意見がある。最後に、（不謹慎との誹り
も覚悟しながら）きわめて現実的な対処法を書いておこう。それは、**連
濁以外の四つ仮名については、可能な場合は漢字で表記する**、というも
ので、そうすることによって表記の誤りを避けることはできる。

3.　カタカナの働き

　カタカナについても、もう少し具体的に見ておこう。

　カタカナはどのようなときに使うものとされているだろうか？　「小学校学習指導要領解説　国語編」（2008［平成20］年、文部科学省）にはこう書かれている。

　　「片仮名で書く語の種類を知り、文や文章の中で使うこと」とは、擬声語や擬態語、外国の地名や人名、外来語など片仮名で書く語がどのような種類の語であるかを知り、実際に文や文章の中で片仮名を使うことを示している。

小学校で教えるべき内容を解説した文書だが、**外国（起源）のものをまずはその"音"において写し取るのがカタカナの役目**であることからして、「外国の地名や人名」「外来語」というあたりは当然と言える。
　外来語などを表記するためのカタカナの細かな運用については、1991（平成3）年に内閣告示された「外来語の表記」で定められているが[6]、そもそも日本語でないものを書き取るために、**カタカナだけに公式に認められている用字法**がある。例を少し示そう。

　（6）　a．コンツェルン
　　　　b．フェアグラウンド
　　　　c．プロデューサー

これらを見ずにひらがなで書けと言われたら、しばし戸惑い、考える時間が必要となるだろう。
　上でも見たように、カタカナは"よその言葉"を書き取る道具として発達した。そこから、外国のものでなくとも、**何か普段とは異質であることを示す手段**として用いられることがある。石垣りん（1920年 -2004

6）これも、国語辞典の付録によく収められているほか、文化庁のウェブサイトでも公開されている。
（http://www.bunka.go.jp/kokugo_nihongo/joho/kijun/naikaku/gairai/index.html）

年）という詩人がいる。その代表作の1つである「シジミ」（1968年）
を読んでみよう（新仮名遣いにした）。

　(7)「シジミ」　石垣りん

　　夜中に目をさました。
　　ゆうべ買ったシジミたちが
　　台所のすみで
　　口をあけて生きていた。

　　「夜が明けたら
　　ドレモコレモ
　　ミンナクッテヤル」

　　鬼ババの笑いを
　　私は笑った。
　　それから先は
　　うっすら口をあけて
　　寝るよりほかに私の夜はなかった。

命あるものを食わずには生きていけない人間の業を、「私」は「鬼ババ
の笑い」で笑う。そして、鬼ババが独りごつ台詞は「ドレモコレモ　ミ
ンナクッテヤル」とカタカナで記されている。なぜ作者はカタカナを
使ったか？　それはおそらく、そのとき「私」は「鬼ババ」だったから
である。「鬼ババ」は生きるものを殺して食べる、いわば自分の中の"異
人"であり、それを象徴する言葉にはカタカナが似合う[7]。

7）同様の理由で、ヒーローものの番組などに登場する怪獣たちの名前は基本的に
カタカナである。

オノマトペ

　もう１つ、先ほどの「小学校学習指導要領解説」で気づかれるのは、具体例の最初に「擬声語や擬態語」とあることである。「擬声語」は「擬音語」ともいい、物音や生き物の声を言葉の音に擬<ruby>擬<rt>なぞら</rt></ruby>えて表すものであり、「擬態語」は音（＝聴覚的印象）以外の、たとえば視覚的な印象や触覚的な印象などを言葉の音に擬えて表すものである。日本語は特にこの擬態語を好む言語と言える。両者を合わせて「**オノマトペ**」と呼ぶこともある。例を挙げる。

　(8)　a．擬音語：「トントン」「バリバリ」「ゲコゲコ」「ニャーン」
　　　　b．擬態語：「キラキラ」「ツルツル」「ツーン」「トロン」

擬音語や擬態語は外国語ではないが、それをカタカナ表記するというのは、**様々な印象を"意味"としてではなく"音"のイメージによって伝えようとする語**だということを示しているだろう[8]。

4.　テンとマルの話

　ここまでずっと、文字の表記を見てきたが、最後に、文字と一緒に表記法を構成する「**句読法**」について触れておきたい。句読法とは端的に「テン」や「マル」の使い方のことだが、より広く「カッコ」など記号類の使い方を含めることもある。

　用語を確認しておくと、「。（マル）」や「．（ピリオド）」のことを句点といい、「、（テン）」や「，（コンマ）」のことを読点という。句点と

8）学校教育や「受験」の世界で、擬音語はカタカナで表記し、擬態語はひらがなで表記する、ということを「きまり」として教えているケースがある。しかし、学習指導要領においてもそのような区別はなされていない。言語学的には、ともに音のイメージに乗せて表現するという共通性の方が大きいが、擬音語の方がより音を直接的に表している点で、音に忠実なカタカナに親和性が強いとは言えるかもしれない。

読点の組み合わせは 4 通りあることになるが、現代日本語で用いられているのは、ほぼ「、。」「，。」「，．」の 3 通りであると思われる。縦書きの場合は「、。」に決まるが、横書きの場合は「、。」と「，。」がともに見られる。

　あまり知られていないが、実は内閣が各省庁宛に出した「公文書作成の要領」（1952［昭和27］年）という通達があり、そこでは横書きの場合の句読点について、「『、』ではなく」と明記の上で「『，』と『。』を使用し」と定められている。この通達は現在でも有効性を失っていないが、現実には「，。」の組み合わせはそれほど浸透しなかったと言うべきで、「、。」が通常使用の句読点と言えそうなくらい優勢である。ちなみに放送大学では、横組みの印刷教材は「，。」を使う慣行となっているが、本書では現在の趨勢に沿って、今回の改訂で「、。」に切り替えた。

いつテンを打てばいいか？

　さて、実践的な問題としては、文を書きながらどこでテン（読点）を打てばいいか？という悩ましさがある。息継ぎの間であるといった説明は曖昧で役に立たず、かといって文法的なまとまりごとに打てばいいわけでもない。文の解釈が 2 通り以上可能になることを避けるために打つ場合は比較的はっきりしているが（後述）、より**一般的なテンの打ち方についての指針**はなかなかない。これまで見てきた中で、要領を得た説明と思われたものを紹介しておきたい。第 1 章でも触れた木下是雄『理科系の作文技術』にこんな説明があった。

　係りと受けの関係で考えたときに、

　a) 直後の言葉に係るときはテン不要

　b）**係る先が離れているときはテンを打つ**

　c）テンが2つ以上出てくるときは、**係りの短い方を省いていい**

というものである（pp. 142-143）。それぞれの例を示す。

　(9) a．おじさんの家へ行った。

　　　b．<u>ぼくは</u>、おじさんの家へ<u>行った</u>。

　　　c．<u>きのう</u>、ぼくはおじさんの家へ<u>行った</u>。

これはなかなか実用的に思われる。第7章で「は」と「が」の働きを考えるが、少し先取りすると、**後ろに長くかかっていく「は」は、そこでテンを打つことが多い**のに対し、直後の語句との論理関係を示すことが多い「が」は、テンを打たずにそのままつなげることが多くなる。

　(10) a．<u>雨は</u>、ずっと降り続いている。（さらに後ろまで係れる）

　　　b．<u>雨が</u>ずっと降り続いている。

(10b) の方を「雨が、ずっと降り続いている。」と書くことも可能だが、どこか大げさに余韻をもたせた響きに感じられる。
　解釈の曖昧さを避けるためにテンを打つケースはもちろん多い。たとえば、次の文はそのままだと解釈が決まらない。

　(11) 太郎はいつも食べるメニューのカロリーを気にしている。

下に示すように、「いつも」の係る先が2通り可能だからである。

(11')a．太郎はいつも、食べるメニューのカロリーを気にしている。

　　　b．太郎は、いつも食べるメニューのカロリーを気にしている。

(11a) は説明を要しないだろうが、(11b) はたとえば、太郎は「カツ丼」が好物だけれども、そのカロリーが高いことを気にしている、というような文脈になろう。

　以上簡単に、テンを打つタイミングについて見てきたが、最後にあえて逆説的なことを書いておきたい。それは、**理想的には、テンを打たなくても自然な解釈が可能な文を目指す**ということである（前の (11) の文例にも言え、aのつもりで書くのなら、「いつも」を「太郎」の前に出してしまえば曖昧さはなくなる）。次の例を見てほしい。

(12)「ゆうた」というクラスメートに似ているというので昔付いたらしい「ゆうた」という呼び名で大学時代もずっと呼ばれていた女子学生を思い出しました。

恥ずかしながら自分が書いた例である[9]。あえて掲げるのは、これを書いたとき、テンなしでも読める一文をと思って書いたからであり、実際、特に迷うことなく読めるのではないかと思う。テンがなくてもわかる文であれば、少しテンを打つだけで明瞭さが増すだろうが、逆に、**テンの助けを借りないとわからない文は、文そのものを推敲した方がいい**ことが多い。実践してみてほしい。

9）正確には、筆者がときどき"つぶやく"短文投稿サイト「ツイッター」への投稿であり、今回、解釈の多義性を避けるため1箇所直した。また、名前の部分は変えてある。

3 | 日本語との付き合い方②：和語と漢語と外来語

《目標＆ポイント》 同じく日本語の大きな特徴である語種を取り上げ、出自の異なる和語・漢語・外来語という語種の混在が日本語を書くことに与えている影響について検討し、実践の中で理解する。

《キーワード》 和語、漢語、外来語、使い分け

1. 日本人と漢字

　その語がどこから来たかという出自の観点から分類したグループを語種という。漢字伝来以前から話されていた日本語の語（やそこから生まれた語）が「和語」（「大和言葉」ともいう）である。漢字とともに中国語から借用された語や漢字音を使って日本で生まれた語を「漢語」と呼び、中世末ぐらいから現在に至るまで、主にヨーロッパ系の言語から借用された語を「外来語」と呼んでいる。漢語も外来語の一種には違いないが、古くから続いているのと、語の数の点で非常に多いことから、「漢語」「外来語」と区別する習慣がある。

　この章ではこうした語種の持つ特徴を考えていくが、その取っかかりとして、漢字に添える振り仮名を入口としたい。次のクイズはどうだろうか？

Q.

次の語と各々に付された振り仮名を見比べたとき、(a)と(b)と(c)では、語と振り仮名の関係が異なっている。どう異なっているか考えてみよう。

(a) 咄嗟（とっさ）　扁桃（へんとう）　(b) 灰汁（あく）　生憎（あいにく）　(c) 微風（そよかぜ）　眩暈（めまい）

A．〈ルビ〉の働き

　章のタイトルは「和語と漢語と外来語」という語種との関係を示唆しているのに、冒頭の問いは漢字と振り仮名の関係とはいかに？と訝しく思った人もいるかもしれない。本章では日本語の語種にまつわる問題を扱う。しかし、その話への入口は、やはり漢字である。つまり、**日本語が漢字をどう取り入れて自分のものにしたか？**という観点を欠かすことができない。そして、そのことを実例として見せてくれるのが、ときに漢字に付される振り仮名の付け方である。

　振り仮名といえば、難しい漢字の読み方を示す補助手段という印象が強いだろう。学校の教科書で、まだ習っていない漢字に読み方が振ってあった記憶は誰もが持っている。では、問いに示されたものの中にそのタイプの例はあるだろうか？　(a)がそれである。「咄嗟」の「咄」や「嗟」など、いわゆる難しい漢字といえ、「扁桃」も「扁」と「桃」の組み合わせが見慣れない。それらの字の読み方自体を示す必要があると考えられた場合には、問いのように「とっさ」や「へんとう」という"読み方"が振られることになる。

　では(b)はどうだろう？　「灰汁」も「生憎」も、知らなければ読めない言葉だということで"難読語"と呼ばれたりするだろう。だが、「灰」

や「汁」、「生」や「憎」といった漢字が難しいわけではない。難しいのは、これらの語が「はいじる・はいじゅう」や「せいぞう」とは読まれずに、「灰汁」で「あく」、「生憎」で「あいにく」と読まれるという"対応づけ"にある。実際、「灰汁」だからといって、「灰」＝「あ」、「汁」＝「く」、という読みが成り立つわけではない。「生憎」でも、「憎（い）」＝「にく」はこじつけられても、「生」＝「あい」は無理で（「おい」ならともかく）、要は全体が当て字なのだった。つまり、これらの振り仮名は、漢字に振っているように見えて、実は単語全体に対して読み方を振っていると言わなければならない。これは、補助手段と呼ぶには大きすぎる役割だろう。

　最後に(c)を見よう。「微風」と「眩暈」、そのまま漢字を読むならば、前者は迷いなく「びふう」だろうし、後者も「げんうん」となる。ではこれらの読みは誤りだろうか？　否、誤りではなく、そのように読むことも可能で、実際そう読まれることもある。この点で(b)のタイプとは異なっている。これらは「びふう」や「げんうん」と読んでいい、にもかかわらず、ここでは「そよかぜ」と読んでほしい、あるいは「めまい」と読んでほしい、と読み方を指定していることになる。もちろん、「微」が「そよ」だったり、「眩」が「め（ま）」だったりすることはない。

　最後の答えを出す前に、それぞれ類例を挙げておく。今度は、表記の仕方を少し変えることにする。(a)と(b)を比べた場合、前者は漢字という文字の読み方すなわち"音"を示しているのに対し、後者は単語全体の"意味"がどの和語に当たるかということが示されている。そのことを考慮して、(a)のタイプではカタカナを振ることにし、(b)のタイプはひらがなで振ることにしよう——なぜそうするかは第2章を思い出してほしい。(c)のタイプは実はどちらも可能なので、両方挙げることにする。

(a)　憔悴　　行脚
(a)　<ruby>憔悴<rt>ショウスイ</rt></ruby>　　<ruby>行脚<rt>アンギャ</rt></ruby>
(b)　<ruby>欠伸<rt>あくび</rt></ruby>　　<ruby>胡座<rt>あぐら</rt></ruby>
(c)　<ruby>餞別<rt>はなむけ</rt></ruby>／<ruby>餞別<rt>センベツ</rt></ruby>　　<ruby>玩具<rt>おもちゃ</rt></ruby>／<ruby>玩具<rt>ガング</rt></ruby>

　これで明らかだろう。(a)は**漢字という文字が持っている"音"を示すため**、(b)は**文字ではなく単語として持っている"意味"を示すため**——この場合、漢字１字であるか２字以上であるかは本質的でない、(c)は、冒頭の問いでは、**その両方が可能なケースにおいて"意味"を示すために、振り仮名が振ってあった**ことになる。「振り仮名」というとどうしても補助手段的な印象となるが、(b)や(c)ではとても補助とはいえない働きをしている。そうしたことも考慮し、あえて「ルビ」という言い方をすることがある。元々は印刷業において、5.5ポイントという（振り仮名によく用いられた）活字に付けられた愛称名に由来する。

　さて、ここで(b)と(c)のタイプについて考えてみたい。これらは漢字という"文字"とその"読み方"という対応として見ることができるだろうか？　否、ルビが示しているのは読み方ではないと言うべきだろう。それはやはり"意味"と呼ぶべきものである。ではその"意味"とは何だろう？　それは漢字に元々属していたものだろうか？　そうしたことを、あらためて次に考えてみよう。

月曜日には月見そばを ——「訓」とは何か？
　たとえば駅のホームの立ち食いそば屋に、張り紙を見つけたとしよう。それにはこう書いてある。

　(1)　毎週月曜日は月見の日。
　　　　そば・うどんご注文のお客様に生たまご１個お付けいたします。

月曜日は月見の日、という慣わしがあるわけで
はない。けれども、日本語で育った人ならば、
「月曜日」と「月見」を結びつけるロジックを
理解するのに苦はない。「月」＝「ゲツ」＝
「つき」という等式が頭の中にできあがってい
るから、あとは「月見」を「生たまご」と結び
つける文化的な比喩の関係——満月が黄身、
たなびく雲が白身、夜空がつゆ、という見立て
——がわかればいい。

　さも当たり前に思えるこの話が当たり前でないことは、韓国や中国か
らの留学生に「張り紙の言葉をそのまま母語に訳したら通じる？」と尋
ねると、文法は正しいが意味不明であるとか、月見の日なら（旧暦の）
８月15日だといった答えが返ってくることに端的に表れる。たとえば、
韓国・朝鮮語では、「月曜日」の「月」は"ウォル"のような発音の語
（漢語）であるのに対し、「月見」の方は「月」ではなく「つき」に相
当すると言うべき"タル"のような発音の語（固有語［日本語の和語に相
当］）で、後者に漢字を当てることはない。つまり、かの張り紙がピン
と来るための鍵は、**「月」＝「ゲツ」＝「つき」という"等式"**そのもの
の中にあった。「月曜日は月見の日」という対応づけをすんなり受け入
れられてしまうこと自体が"日本語人"であることの証といってよく、日
本語が漢字をどう取り込んできたかの象徴的な表れなのである。

　このことを別の例で説明しよう。たとえば、「急行」という言葉を人
に教えるとする。おそらく多くの人が、それは"速い列車"であり、なぜ
なら「急行」とは"急いで行く"ことを意味するからだと説明するだろ
う。ではこの説明にはいくつの事柄が関わっているだろうか？　まず、
「急」も「行」も漢字という文字である。しかし**漢字は「表語文字」**だ

から、それらは同時に語でもある。つまり、「急 行」を考えることは、「急」や「行」の**文字としての側面**と**語としての側面**を同時に考えることである。それは、次のような三角形に表すことができる。

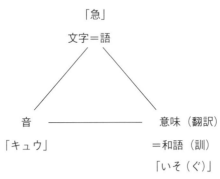

図 3‒1　漢字と"音"と"訓"の三角形

　学校では、漢字には「**音読み**」と「**訓読み**」という 2 通りの"読み方"があると教わる。これがあまり正確でないことは図からわかるだろう。音「キュウ」は、文字「急」がもともともっていた中国語音の日本語訛りだから"読み方"といって構わないが、**訓「いそ（ぐ）」とは、中国語の単語「急」の意味を日本語に"翻訳"したとき最も近いと考えられた和語のことであり、それは本来"読み方"と呼べるものではない**。つまり、**実は三角形の右半分は中国語からの"翻訳"の問題**であり、この部分を「訓」と称して漢字そのものの要素と見なすことにしたのが**日本語**だということになる——韓国・朝鮮語なら、意味はあくまで説明であって漢字の外にある[1]。もし、日本語を学習している外国人に、文字「急」は

1）なお、中国語の場合は、もともと漢字しか用いないから、あるのはただ"文字＝音＝語"の一体化した漢字だけであり、そこに"訓"のような発想の入り込む余地はそもそもない。中国語の場合は、逆に、外来語などについて語としての意味を度外視して音だけを利用する"音漢字"的な使用がときに必要となる。地名の「ウルムチ」を「烏魯木斉」と書くような例がそれである。

「キュウ」と読まれることもあるし「いそ（ぐ）」と読まれることもある、とだけ説明したら、学習者は、「キュウ」と「いそ（ぐ）」という音声的にあまりにかけ離れた2つの"読み方"に混乱するだけだろう[2]。「訓読み」を漢字に備わった要素であるかのように一体化し定着させたことこそが、日本における漢字受容法の特異性だと言える。

難しいものを易しく

　現代日本語でルビが当たり前という意識はあまりないだろう。しかし、かつての日本語ではルビが盛んに用いられた——江戸時代から明治にかけて、その後も少なくとも戦前までは。しかも、ただ頻用されただけでなく、**"難しいものを易しく"**とでもいうようないわば啓蒙的な使い方がしばしば見られた。

　少し道草のように思われるかもしれないが、その一例として、1874（明治7）年に制定された「海上衝突予防規則」という法律（正確には「太政官布告」）を見てみたい[3]。**図3-2**に明らかなように、この法律はルビだらけなばかりでなく、よく見てほしいのだが、**条文の右側だけでなく左側にもルビが振られている**ことがわかるだろうか？

　法律の名称からして、「海上衝突予防規則」の右には「かいしやうしようとつよばうきそく」とあるだけでなく、左にもルビがあり、「うみのうへつきあたりようじんのきまり」と書いてある。明治の初め、海上交通のルールという考え方自体にまだ馴染みが薄かったであろう頃に、見慣れない漢語の並んだ条文だけでは、肝心の対象者自身が法律を理解

2）「急行」の例は、蓮實重彥『反＝日本語論』より。ベルギー生まれの夫人が「音読み」と「訓読み」の説明に混乱し、「訓読み」とは意味のことなのだと言われてはじめて納得したエピソードが綴られている。
3）『法令全書』「明治7年」内閣官報局（1891［明治24］年）所収。国会図書館の「近代デジタルライブラリー」において一般公開されており、インターネット上で自由に見ることができる。図版もここから引用した。(http://kindai.ndl.go.jp/info:ndljp/pid/787954/63［2020年2月最終閲覧］)

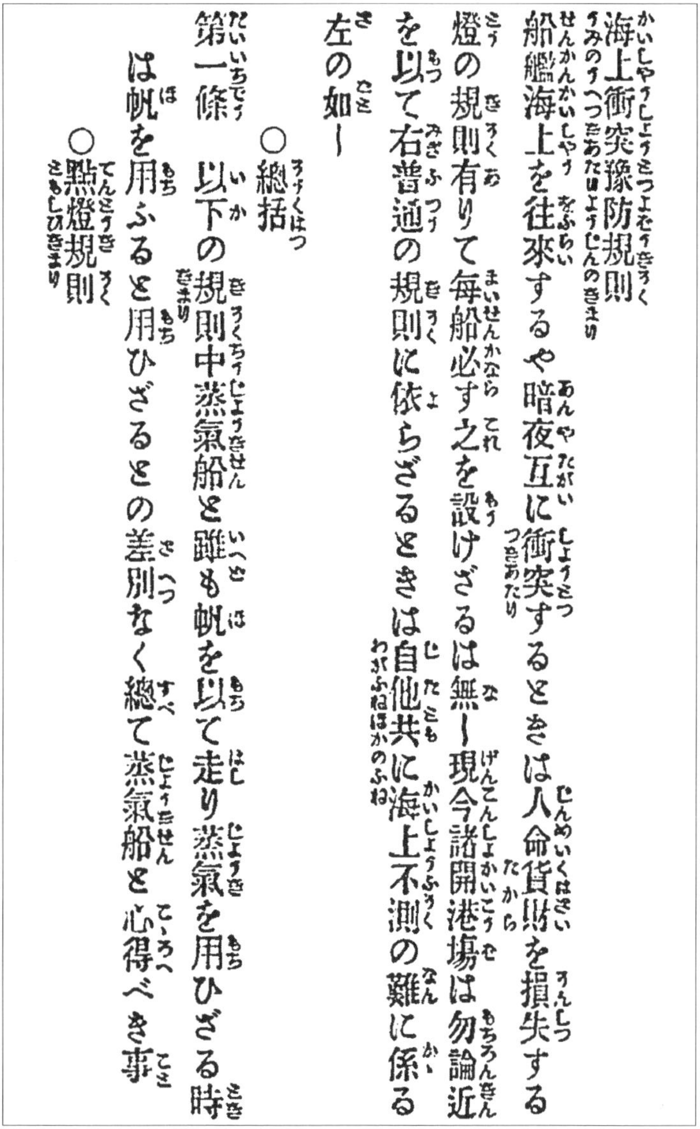

海上衝突豫防規則

船艦海上を往來するや暗夜互に衝突するときは人命貨財を損失する

燈の規則有りて毎船必す之を設けざるは無〜現今諸開港塲は勿論近を以て右普通の規則に依らざるときは自他共に海上不測の難に係る

左の如〜

　○總括

第一條　以下の規則中蒸氣船と雖も帆を以て走り蒸氣を用ひざる時は帆を用ふると用ひざるとの差別なく總て蒸氣船と心得べき事

　○點燈規則

図3−2　「海上衝突予防規則」に見る両ルビ

できない懸念がある。そこで、**難しそうな漢語は、右側に音を、左側に意味を和語で振ることで、読み方と意味を同時に示す**という方法が採られている。そのようにして付された両ルビをいくつか拾うと（図版以外の部分からも拾う）、

(2) 「自他共に」　　右：じたとも　左：わがふねほかのふね
　　「帆船」　　右：はんせん　左：ほぶね
　　「天気」　　右：てんき　　左：そらあひ
　　「燈火」　　右：とうくは　左：あかり
　　「距離」　　右：きより　　左：へだたり
　　「装置」　　右：そうち　　左：しかけ

といった具合となる。「天気」「距離」「装置」では自分に関係のない抽象的な事柄でしかなかったものが、「そらあい」「へだたり」「しかけ」と言われると、とたんに自分の生活実感の中に入り込んでくる。

　このように見てくると、ルビというのは、漢字に付された振り仮名という存在にとどまることなく、実は漢字を取り込んで自分たちのものにしてきた人々が、**抽象的でわからない漢語を、身体に染み込んだあくまで具体的な和語の感覚に翻訳する**ために育んだ、橋渡し的な働きそのものであるように見えてくる。

2. 和語と漢語—言葉を生きる—

　さて、ここから語種そのものの話に入る。和語と漢語と外来語、と日本語には大きく３つの語種があるが、それぞれの単語の数を比較したらどのくらいの比率になると思われるだろうか？　『新選国語辞典』（小学館）という辞書が収録語の語種比率を公表している。それによれば、

一般語のうち**和語が約1／3、漢語が約1／2、外来語と（それらを ミックスした）混種語が各々1割弱ずつ**である（第9版、2011年）。一 番多いのが漢語であることに、意外と思った人もいることだろう。言う までもなく、漢語は元々古典中国語から借用された“外来語”だから、最 も身近であるはずの和語より多いというのは不思議に感じられるかもし れない[4]。

　実際、この点は大きな特徴で、私たちが使っている**日本語は、漢語の 多さに支えられている**面がたくさんある。端的な例として、日本におけ るほとんどすべての大学の授業は日本語で行われているが、これを可能 にした大きな要因は、江戸末〜明治以降に知識人たちが西洋の概念や用 語を片っ端から日本語に置き換えたことである。その際、**日本語の側で 受け皿になったのは漢語という形**だった。漢字を組み合わせることで新 たに作られた漢語的な“翻訳語”は多数に上り、それを当たり前のように 使うことで大学などの高等教育が可能となった[5]。

　そうした翻訳語が作られた経緯については柳父章の一連の研究がある （柳父 1972、1982）。少し例を拾ってみるだけでも、**「社会」「個人」 「自然」「権利」「自由」「恋愛」**といった、現在ごく普通に使われる単 語も、実は**明治期に作られた翻訳語**で、もしこれらの語がなかったらと 考えると、現在の日本語もないだろう。たとえば、

　（3）ａ．社会における個人の自由な権利

と言えないとした場合、それを旧来の言葉だけで、

4）一点補足しておけば、単語の数と個々の語の使用頻度は別のことなので、もし 延べで数えた語の使用頻度を調べれば、和語の数値が高くなる。

5）大学の授業が英語で行われることを奨励する昨今の風潮があるが、英語圏以外 の国で授業が英語で行われているケースの多くは、学問を支える語彙が足りず、英 語でないとできないことが理由である。

（3）b．世間で一人一人の人が好きにしていいこと

のように表したとして、同じ意味に感じられるかと聞かれたら、かなり大きなニュアンスの開きがあると言わざるを得ない。その違いを表すのは難しいが、**漢語は意味の輪郭が明確な印象**であるのに対して、感覚的に理解される分だけ**和語は意味の規定が緩い印象**が拭えない[6]。

　こうした点で現代の私たちは、福沢諭吉や西周や中村正直といった明治期の知識人たちの知的格闘に多くのものを負っている。では、それでよしとするべきか？というのが次の問いである──柳父が問いかけたのも実はその点だった。

正しすぎる漢語
　次の２つの文を比べてみてほしい。

（4）a．この推論過程は合理的である。
　　　b．この話の流れは筋が通っている。

上の話と同じように感じられるだろう。**漢語を散りばめたaは立派で正しそうに響く**が、**和語だけで書かれたbは字面以上の意味が感じられない**。そのため、たとえば大学でレポートを書くとか卒業研究や修士論文のような論文を書くといった**学術的（アカデミック）**な書き物になるほど、私たちはaのタイプの表現を多用しがちで、逆にbのタイプの書き方は避けがちである。

　だが、もう一度よく見てほしい。「推論過程」と「話の流れ」は大きく違うように見えるかもしれないが、いくつかの仮定をつなげながら、根拠を加えていって結論を引き出すような場合であれば、２つの意味は

6）「世間」は音読みであり漢語なのだが、８世紀から用例があり日本語に"土着化"したものと見ることができるため、和語並みの扱いとする。

実質的にそう変わらない。では「合理的」とはどういう意味だろう？「理性に適っていること」などとさらなる抽象に逃げるのはよくない例で、「合理的」とは一つ一つの論を飛躍なく“たどって行ける”という意味である。止まってしまったり話が飛んでしまうことなくたどって行ける話が“理に適っている”ゆえに「合理的」なのだとすると、2つの文の意味は、実際上はほとんど変わらないことになる[7]。　―

　ここに漢語の“落とし穴”がある。もし自分の書きたい内容が実はｂでいいなら、ｂで書けばいい。ａのように書こうかと思ったときは、「推論過程」ということがすでに明確になっているか？あるいはいかなる意味で「合理的」なのかを明確にしているか？ということを自問した上で書いたほうがいい。そうでないと、**漢語をただ散りばめた文は“張子の虎”**のようになってしまう[8]。

　一方、世の作家という人たちは、こうした語感をよくわかっていて、それを意図的に利用して作品を書くことがある。そうした例を1つ紹介したい。**吉本ばなな**の名を知る人は多いだろう。彼女の出世作となった**「キッチン」**という短編は、実は和語と漢語と外来語まで加えた日本語の語種を巧みに利用した作品だった。

　タイトルの「キッチン」を念頭に読み進めるうち、読者は1つのことに気づかされる。タイトルとは裏腹に、この小説に出てくるのは「台所」ばかりなのである。冒頭の一文、「私がこの世でいちばん好きな場所は台所だと思う」に始まって、主人公の「みかげ」は、一番よく眠れ

7）たとえば英語に直すことを考えると、'reasonable'という語が「合理的」も「筋が通っている」もいずれの候補にもなり得る。それは、'reasonable'とはまさに'reason'つまり“筋道だてて考える”ことが可能だという意味だからである。

8）ちなみに、筆者が自分自身の使い方を内省してみたところ、ａのように書くときは、それを結論として肯定的に述べたい場合で、ｂのように書くときは、そのことを一応は肯定した上で、それに続けて、たとえば「しかし、支えとなる根拠が弱い」のように否定的なことを書きたい場合だという感覚を得た。やはり“漢語の威を借りている”部分があると反省させられる。

るのも台所なら、死ぬときも台所で死にたいと考える、一言でいえば
"台所愛好者"である。一人きりの肉親だった祖母が死んで、祖母が贔屓
にしていた花屋の青年の家に居候することになったみかげは、その家の
台所を見て、「私は、この台所をひとめでとても愛した」と言う。
　そうして「台所」をキーワードに進行していくこの物語の中で、「台
所」ではない言葉が選ばれているところが2箇所ある。その1つが「厨
房」である。祖母と住んでいた家をすっかり引き払い、帰りのバスで見
た光景にふと号泣したみかげは、「厨房」から漏れてくる「にぎやかな
仕事の声と、なべの音や、食器の音」を聞いて、「神様、どうか生きて
ゆけますように」と心に誓う。そしてもう1つは、タイトル・ワードの
「キッチン」がただ一度だけ登場する、小説最後の部分である。

　　　夢のキッチン。

　　　私はいくつもいくつもそれをもつだろう。心の中で、あるいは実
　　際に。あるいは旅先で。ひとりで、大ぜいで、二人きりで、私の生
　　きるすべての場所で、きっとたくさんもつだろう。[9]

　「台所」「厨房」「キッチン」。和語、漢語、外来語という各々異なっ
た語種に属する語の布置は、大変よく計算されていた。古臭くさえ響き
かねない和語的「台所」は、祖母との暮らしというむしろ地味で古風な
主人公の記憶と歴史を、生活の体感において表現していた。そして、そ
れを喪失しまた再生しなければならない彼女の背中を押すのが、漢語の
固さと抽象性そのままに機能性を象徴する「厨房」だった。
　一方、外来語「キッチン」は、未だ来ぬものとして書かれている。そ
れが「台所」でなく「キッチン」である理由は、「キッチン」という語

9）吉本ばなな『キッチン』福武文庫版（1988年）より、pp.6、15、55、67-68。

の中身がまだ“空”であるからだろう。それは再生によって**これから満たされる場所**だからにほかならない。

3. 新しそうでわからない外来語

　話は外来語まで来た。漢語の翻訳語が曲がりなりにも外国語を日本語風の単語に置き換えたのに対して——だから漢語は“わかりそう”な気にさせる——、カタカナ言葉としての外来語は、第2章で見たように、カタカナが原語の音を写し取るだけだから、そのままでは内容は“空”のままと言うしかない。カタカナ言葉の外来語が流行し始めたのは大正時代のことで、ひたすら漢語を作り続けた明治時代への反動もあっただろう。「デモクラシー」や「サボタージュ」（→「サボる」）などその例で、「大正デモクラシー」が象徴的なように、「デモクラシー（民主主義）」がすでにあってそれが主流になったということではない。それは“これから作られていくもの”として掲げられたものだった。下で見る現在の外来語と同じように、外来語にはどこか**“先物買い”的な危うさ**がある。

　現在の日本語で、漢語はもはやそうした新しさの受け皿としての地位を失いかけているように見える。新語はカタカナ言葉として突如現れ、その言葉を知っている人は話に加わることができ、知らない人は排除されるという「**情報格差**」的な事態も生じている。それが、たとえば経済用語であれば、一線のビジネスマンと一般の人で多少の知識差があっても仕方がないかもしれないが、医療や福祉関係の言葉などでは、その言葉を向けられる当人がその言葉を知らないという困ったことになる。たとえば、**国立国語研究所**の調査（2003〜2006年）によれば、「**インフォームドコンセント**」「**セカンドオピニオン**」という言葉の意味を理解している人は、高齢者でも全年代でもともに1／4に満たなかっ

た。[10]

　それは由々しき事態だとして、同研究所のように積極的な「『**外来語**』**言い換え提案**」をする試みも出てきている[11]。しかし悩ましいことに、そうした新語が、ある領域内で学問分野も含めて半ば専門用語的に用いられるといった事情もあって、言い換えの意識はなかなか広がらないように見える。さらには、それだけではない背景も見え隠れする。

　「言い換え提案」から少し例を拾ってみたい（提案されている言い換え表現を矢印右側に記す）。

　（5）　a．インフォームドコンセント　→　納得診療、説明と同意
　　　　b．コンプライアンス　→　法令遵守
　　　　c．アジェンダ　→　検討課題

「インフォームドコンセント（< informed consent）」には、たしかに事柄自体の新しさがあった。それまで、どのような治療を施すかは医師の専権事項のようなところがあったのを、期待される効果とあり得る危険性を十分説明した上で患者自身が選択するというふうに、基本方針の大きな転換があったからである。言い換えはなかなか難しいが、提案され

10）文化庁が行っている「国語に関する世論調査」の平成29（2017）年度調査では、意味の近い漢語とカタカナ語の組み合わせについて理解度を尋ねる質問があった。その中で、たとえば、「追跡調査」と「フォローアップ」、「意見公募」と「パブリックコメント」について、全体の約1／3の人がカタカナ語の意味をわからないと答えた。
（https://www.bunka.go.jp/koho_hodo_oshirase/hodohappyo/1409468.html［2020年2月最終閲覧］）
11）国立国語研究所「外来語」委員会編『分かりやすく伝える　外来語　言い換え手引き』ぎょうせい（平成18年）
国立国語研究所のウェブサイトでも公開されている。
（https://www2.ninjal.ac.jp/gairaigo/Teian1_4/iikae_teian1_4.pdf［2020年2月最終閲覧］）

ている言い換え例も、必ずしも落ち着きがいいとは言えない。原語の単語に忠実すぎるのが原因のように思われるが、「インフォームド」の「ド」は英語の過去分詞 –ed であり、それは"すでに…された"という意味合いだから、そこに注目すれば「事前説明」とか「事前説明同意」ぐらいの表現でもよさそうに思われる[12]。

　「コンプライアンス（< compliance)」は少し事情が異なるように思える。というのは、「法令遵守」はいつの時代でも当然の義務だったはずだから、内容自体に新しさはないとも言える。あるとすれば、新しい意識で、といったニュアンスだろうか。「アジェンダ（< agenda)」も、本当の必要性はかなり疑わしい例である。「検討課題」との言い換えのほか、文脈に応じて「議題」や「行動計画」という候補が挙げられているが、選挙キャンペーン用に使われた「マニフェスト（< manifesto)」に代わる新味がほしかったというあたりが本音ではないだろうか。

　こうしてみると、**カタカナ言葉は、どのような点であれ"これまでになかった"というニュアンスを出したいという使い手側の願望がある**ように見える。次はどうだろう？　これも「言い換え提案」からである。

(6)　a．アウトソーシング　→　外部委託
　　　b．リユース　→　再使用

会社や行政が業務の一部を外部委託することは従来から行われてきた。それをわざわざ「アウトソーシング（< outsourcing)」と言う必要性はあるのだろうか？　また、「再使用」という日本語は特段難しいものではない。「リユース（< reuse)」と言う必要性はどこにあるのだろうか？　答えは、「（ほとんど）ない」と言うしかないだろう。従来とは異なる背景事情的な文脈を説明することはできるかもしれないが、そのた

12) ちなみに、不動産業（宅地建物取引業）において、「重要事項説明」という用語が定着していることを考えれば、それでもよさそうに思える。

めにわざわざ新しい外来語を作る必然性があるとは思えない。

　（6）のような場合、何か新しい取り組みを見せるという前提があったのだろうと考えられる。そこで「外部委託」や「再使用」と言ったのでは、何も新しさが出ない。それを「アウトソーシング」や「リユース」という"新しそう"で"わからない"カタカナ語の新しさで表してみたというのが、これら外来語の正体であるように思える。**言葉が新しいのと、それが内実を伴うかどうかは、別問題である。**

言葉を知る

　日本語で生活するとは、つねに３つの語種を使い分けることである。それは表面的にはどのカードを選ぶかという選択だが、そこで私たちがしていることまで見るならば、そこには、何をするために選ぶかという意図の違いがあると言えるかもしれない。

　上で眺めてきたことを踏まえて少し思い切ったまとめをするならば、私たちが日々生きている３つの語種とは、

　　わかりすぎるが嘘^{うそ}はない和語
　　立派で正しそうな漢語
　　かっこよくてわからない外来語

だと言えるだろうか。それで私たちは、**漢語で"建前"的な正しさを語り、和語でありのままの"本音"を語る**、といった使い分けを（実は）している。さらには、よくはわからないがあったらいいと思う**"願望"を外来語に乗せる**というのを加えてもいい。

　過不足のない文章を書くための一歩として、まずはこうした言葉の性格に自覚的であるように努め、**上のような使い方に流されないよう注意**

するだけでも無駄ではないように思う。

引用文献

蓮實重彦『反＝日本語論』（ちくま学芸文庫）（2009［1986］年、筑摩書房）
柳父章『翻訳語の論理』（1972年、法政大学出版局）
柳父章『翻訳語成立事情』（岩波新書）（1982年、岩波書店）

参考文献

滝浦真人（1997）「文学と流行語　嗅覚・座標系・ベクトル」『国文学 解釈と教材の研究』1997年12月号、学燈社、pp. 115-119
滝浦真人（2007）「"名指す"ことと"述べる"こと　『ことばの言い換え』論のために」『日本語学』26-13、明治書院、pp. 4 -12

4 | 読むスキル①：まとまりを読む

《目標&ポイント》 文章を構成するまとまりの単位「パラグラフ」について
学ぶ。読んだ文章を理解し、引用して言及する際に必要な、文章を要約して
理解する方法について考え、実践の中で理解する。
【キーワード】 パラグラフ・リーディング、内部構造、要約、引用

1. 段落（パラグラフ）を知ろう

　この章では、日本語を"読む"ことを取り上げ、**文章を読んで理解す
るための技能（スキル）**が、実は"書く"ためにも欠かせないものである
ことを見ていく。理解を形にしようと思えば、文章を要約することにな
る。理解そのものと要約は別物だとはいえ、自分の理解を人に伝えるた
めには、とにかく言葉にしなければならない。つまり、人が読んでわか
る要約ができなければいけない。というわけで、本章の出口は**要約文の
書き方**になる。

　その実践のための題材として、１つの文章を読んでもらいたい。解説
は少し後になるが、下の「課題文」をまずは自分のいつものような読み
方で読んでほしい。後で説明をする便宜上、各段落に番号を振ってある。

┈┈┈〈読むための課題文〉

　①私たちはある程度自分の話し方や話す内容をコントロールするこ
　とができます。男性が女性的な口調を使うことも、大人が幼児の言

い方をまねることもできますし、器用な人なら特定の人物の口調を
物まねすることだってできるでしょう。こう考えると、ことばは洋
服のようなものです。自分らしい洋服とは違う洋服だって、着よう
と思えば着ることはできます。また、場面によって服装を変えるよ
うに、ことばづかいもその時々で変えることがあります。親しい仲
間とうちとけて話すときのことばづかいと、多くの聴衆の前できち
んとした挨拶をするときのことばづかいは違うものでしょう。これ
は、家でくつろいでいるときの格好が、冠婚葬祭での服装と異なっ
ているのと同じだと思えばいいでしょう。

②人間は嘘をつくことがあります。嘘が表情や挙動からばれてしま
うこともあります。ことばの伝えることがすべて真実だとは限らな
いということはみなわかっていることでしょう。罪のない嘘もあり
ますが、詐欺や偽証など嘘が犯罪になることもあります。ことばを
発することは、発声器官を使って単に空気を振動させるだけのこと
なのに、なぜ犯罪になりうるのでしょう？

③それはことばに社会性があるからです。人間が社会生活を営む以
上、重大な嘘を許容していては、だれも他人のことばを信じなくな
り、人は約束を交わすこともやめてしまうでしょう。「明日の午前
9時にどこそこで待ち合わせよう」と約束をしたら、その通りに行
動するか、少なくともそのために努力しなければなりません。「私
は昨日のテストで100点を取りました」と相手が言えば、それは本
当だと私たちはふつう考えます。もし、それが嘘であれば、嘘をつ
いた人は信用をなくすかもしれません。情報は真実でなければなら
ないという情報の質の原則は、情報伝達に誠実さを求めることだと
も言えます。ことばでのやりとりには、ことばを用いる人どうしの
信義と信用が必要なのです。約束という、未来の自分の行動をしば

るような行為をし、かつ、その約束を果たそうとするのは、人間が社会的な存在であって、ことばが社会性を持っているからです。嘘以外にも、他人の名誉を傷つけたり、保持すべき秘密を漏らしたりすると処罰されることがありますが、これも人間が社会的な存在である以上避けられないことです。つまり、ことばは単なる空気振動ではないのです。

④「舌禍」や「筆禍」ということばがあるように、ある発言が重大な問題になることがあります。では、何も言わないでおとなしくしていればいいのでしょうか。「物言わぬは腹ふくるるわざ」とは徒然草の一節ですが、人はことばを通じて自分の思いを語り、人の思いを知ります。また、人はものを考えるのにも、ことばを使います。ことばなしでは、抽象的な思考もままならず、明確に考えを伝えることもできません。曖昧模糊たる物事をはっきりと切り分ける刃物であることばは、便利な道具ですが、それで他人や自分を傷つけてしまうこともあるわけです。

⑤ことばで約束をすることが自分を縛ることだと思えば、ことばとは至極やっかいなものに思えますが、誰かがあなたの望むような約束をしてくれるのならば、ことばとはありがたいものだと思うでしょう。相手が約束を守ろうとするのは、やはり、ことばの社会性が強制力として働いているからです。会えるかどうかわからずにある人を待ったり探したりするのと、事前に決まった時間に会う約束をしてある場合とでは、未来がどのくらい予見できるかの度合いが変わってきます。つまり、約束は未来の行為を社会性に基づいて保証する行為なのですが、法律に基づくものとして「約束」を見れば、これは「契約」ということになります。契約でも約束でも、ことばがその内容を具体化し、実質を与えています。許可書も証明書

もすべてことばを通じて効力を持ちます。「愛している」ということばも、結婚式では一種の契約として力を持つのです。私たちの社会生活の中では、社会性によってことばは力を持っていると言えるでしょう。

（加藤重広『ことばの科学』2007年、
ひつじ書房、pp. 1-3より、一部改）

　読みながら印を付けたり線を引いたり、読み方は人それぞれだろうが、大事そうな単語などを囲むことと、大事そうな文（の部分）に線を引くことは、基本の手段としてお勧めできる[1]。

　また、一言だけ触れておくと、最近は読みのスキルとしていろいろな方法が紹介されるようになっている。たとえば、「**スキミング**」（skimming：すくい読み）や「**スキャニング**」（scanning：探し読み）といったものがそれで、前者は要点だけを"すくい取り"ながら読む方法、後者はほしい情報だけを"拾い出し"ながら読む方法である。とはいえこれらは、"いかに速く読むか？"という観点から言われているもので、ゆっくり読んでいいのであればそれほど問題にはならないとも言える。本書では、**"速く読む"よりも"しっかり読む"ことを考えたい**ので、これらの手法についてはこれ以上触れない。

　ではまず、一点大事なことを確認しておきたい。それは、**"読む"とは何をすることか？**ということについてである。その答えはさしあたり、

1）単語などを囲むものとして、□と○と△など、自分で種類を分けて決めておくのも一法だろう——論の本筋で重要そうなものは□で、それに対する反論などで気になるものは○で、例などは△で、といった具合に。個人的には、線は長すぎない方が後で見てわかりやすいと思っている。また、後で解釈が変わったりしたときには消したり変えたりしたくなるものだから、初めからマーカーなどをかけてしまうことは、実はあまりお勧めしたくない。

書き手の"言いたいこと"をとらえること

というものだが、これでは物足りない。どうすればそれができるのかを知りたい。"どうすれば"を意識した筆者なりの答えはこうである。

話の"まとまり"と"つながり"をとらえること

1つの文章は全体が1つのまとまりだが、そのまとまりはより小さないくつかのまとまりから成っている。そうした一つ一つの"まとまり"をとらえたい。そうした**典型的な単位**が「段落（パラグラフ）」である。

　文章はいくつかのパラグラフで構成され、個々のパラグラフもまた、いくつかの文で構成される。ではそれらの要素は、1つずつ"石"のように置かれているのだろうか？　そうではない。**それらは必ず、ある"つながり"のうちにある**ものとして、そこに並んでいる。そうしたつながりのことを、世の中では「論理」と呼んでいる。論理というと高級なイメージになるが、事柄と事柄の間にどのような連関があるか？という意味なのだから、**事柄同士の"つながり"とはすなわち論理のことだと言っ**ていい。

　つながりは、内容から自然に読み取れる場合もあるが、書き手がそこに、"この関係を読んでほしい"と明示的に関係の質を示すことがある[2]。そのとき用いられるのが**接続語や話の展開の標識**だが、読みにおいては、そうした要素を最大限活用することで、話の流れを立体的にとらえることができる。また、書く場合も、自分が要素間にどんな関係を見たいと思っているのかを自分自身に考えさせるために、（書き慣れる

2）日本的ないわゆる名文とされる文章ほど、関係が明示されない場合が多い。その読みは読者に任されており、読み手からすると、そうして読み取った関係が"間"や"余韻"として感じられるということになる。一方、本書が目標とするのは、余韻の読み書きではなく、関係そのものを読むことであり、また明示的に書くことである。第5章参照。

まではとくに）なるべく明示するように意識するといい。

　以下、本章では“まとまり”の読み方を考えていく——先の課題文はこのことに相応しい文章として選んだ。“つながり”の読み方と考え方については、次章以降で取り上げることにしたい。

2.　パラグラフ・リーディング

　上ですでに、「段落（パラグラフ）」は“まとまり”であるという考えを導入済みなので、「パラグラフ・リーディング」とはそのまま“まとまりを読むこと”となる。カタカナ言葉などにせず「段落読み」と呼んでもいいのだが、実は日本語の「段落」と英語の「パラグラフ」では考え方に少し違うところがあって、ここで説明する話は主に英語から出てきたものであるため、「パラグラフ・リーディング」と言うことが多い。

　その違いを一言でいうと、**日本語の段落は得てして短く、英語の段落は全般的に長い**、ということになる。**日本語の方は、話の“一息の長さ”といった感覚**があって、第7章で見る「は」の一息で一段落とするようなことも多い。それを**「形式段落」**と呼ぶこともある。一方、**英語のパラグラフは、全体の主張との関係で1つのまとまりを構成している部分を、途中で改行せずに1つのまとまりとして書くという習慣**がある。1つのパラグラフに話題（トピック）は1つと覚えてほしい。それで日本でも、これに相当するものを**「意味段落」**と呼んだりする。

　形式段落の例を1つ見ておこう。森鷗外が森林太郎名で発表した風刺的なエッセイの一部である。'Streber' というドイツ語の単語をめぐる話が書かれている。

----------（形式段落）----------
　僕は書生をしている間に、多くの Streber を仲間に持っていたこ

とがある。自分が教師になってからも、預かっている生徒の中に
Streber のいたのを知っている。官立学校の特待生で幅を利かして
いる人の中には、沢山そういうのがある。

　官吏になってからも、僕は随分 Streber のいるのを見受けた。上
官のお覚（ぼえ）めでたい人物にはそれが多い。秘書官的人物の中に沢山そ
ういうのがいる。自分が上官になって見ると、部下に Streber の多
いのに驚く。

　Streber はなまけものやいくじなしよりはえらい。場合によって
は一廉（ひとかど）の用に立つ。しかし信任はできない。学問芸術で言えば、こ
んな人物は学問芸術のために学問芸術をするのでない。学問芸術を
手段にしている。勤務で言えば、勤務のために勤務をするのでな
い。勤務を方便にしている。いつ何どき魚（うお）を得て 筌（うえ・セン） を忘れてしま
うやら知れない。

　日本語に Streber に相当する詞（ことば）がない。それは日本人が Streber
を卑しむという思想を有していないからである。

（森林太郎「当流比較言語学」1909年、

『鷗外全集　第二十六巻』岩波書店、1973年）

'Streber' とは「出世主義者」「ガリ勉家」「点取り虫」といった意味の
単語なのだが、それを表す言葉のないことが、日本人がそれを許してい
ることの証なのではないかと批判的に語られている。形式面を見ると、
この引用部分の中に段落が4つ含まれている。しかし、エッセイ全体の
1／8ほどに相当する上記の引用部は、全体に対して見れば1つのパラ
グラフで書かれていい内容と言える。

　現代でも、小説や新聞記事などは基本的にこの短い段落で書かれる

し、軽めの読み物などでもよくこの方式が採用されている。一方、本書が目標としたい"読み"と"書き"のスキルは、こちらの方式ではなく英語の方式なので、類書にならって「パラグラフ」という言葉を使う。

　さて、パラグラフを構成する要素は３つある。「**中心文（トピック・センテンス）**」、「**支持文（サポート・センテンス）**」、「**結論文（コンクルーディング・センテンス）**」である。英語では「結論文」がない場合も多いが、日本語では、最後に結論がないとどこか締まりが悪く感じられやすいため、「結論文」も比較的よく現れる。「中心文」は「トピック・センテンス」と呼ばれることが多いが、その方式で他も呼ぶとカタカナ語が煩わしそうなので、ここでは漢字名を使うことにする。

　各パラグラフは内容的にひとまとまりだから、それを最も端的に表している文（センテンス）があると考える。それが「**中心文**」である。モデル的には、中心文はパラグラフに１つで、冒頭に置かれることが多い。現実には、冒頭ではなく最後に来ていることも少なくないし、そのどちらでもない場合もある——その辺の考え方については後で述べる。中心文以外の文は、その根拠となって中心文を支える「**支持文**」であり、**中心文の内容を言い換えたり、例示や例証をしたり、根拠となる引用やデータなどを示す。**「結論文」は、文字どおりパラグラフの内容から結論を導き出す文だが、中心文がその役目を兼ねている場合も多い。現実的には、**中心文が２つあるように見えたら、後ろの方を結論文と見る可能性を考えればいい。**

　では、中心文（結論文）と支持文を、どうやって見分けたらいいだろうか？　その解説をあまり見ないが、学術的な文章も含め、説明文や論説文では、これが原則ではないかと思っている。

抽象度の差を読み取れ

ある考えそのものを述べる文と、それを具体的に言い換えたり例を示したりする文を比べたら、どちらの抽象度が高いだろうか？　前者だろう。中心文は、そのパラグラフが"何について"書かれているかを示す働きをするため、パラグラフの中での抽象度が高い文であることが多い。結論文もまた、いくつかの材料から導かれた考えだから、抽象度は相対的に高くなる。角度を変えて見れば、**中心文（結論文）と支持文の違いは、前者が文章全体の中で機能する（パラグラフを超えて機能する）のに対し、後者はパラグラフの内部で仕事をする**と言ってもいい。

　ただし、抽象度の最も高い文がつねに中心文かというとそうではなく、文章全体の中でのパラグラフの役割によって変わってくる。具体的には、**ある考えを根拠づけるために書かれたパラグラフと、その考え自体を導入するために書かれたパラグラフでは、中心文の位置づけが異なる**。前者の場合は、いま述べてきたようなパターンで、最も抽象度の高い文が中心文である。たとえば、「人間とは弱い存在である。」という文に続けて、「独りでは生きていけない。」「牙も爪も退化してしまった。」といった文が来るなら、最初の文が中心文で、次は例示の支持文となる。

　では、「人間とは困ったものである。」という文に続けて、「人間は欲望自体を際限なく膨らませる動物になってしまった。」という文が来ていたらどうだろう？　最初の文も抽象的だが、次の文も抽象度があって、そこからの展開も十分可能である。もしその後も「欲望」の話が続くようならまちがいなく、「人間は欲望自体を際限なく…」が中心文であり、「人間とは…」はそれを導くための"枕"、つまり支持文である。以上をパターンとして整理しておこう。

　　考え（主張）を説明するパラグラフ
　　　　　中心文 ⟶ 支持文
　[抽象度：　高　＞　　低　]

考え（主張）を導入するパラグラフ
　　　　　　支持文　→　中心文
　　［抽象度：　高　＝　　高　］

3.　読んで要約する

　さて、ずいぶんお待たせしたが、あえて課題文を先に読んでもらった
のは、こうした説明を読む前に一度読んでほしいと考えたからだった。
このまま次の解説を読んでもかまわないが、もし余裕があれば、いまの
説明を念頭に置いて課題文をもう一度読んでもらってもいいだろう。も
し再び読んで前とは違うように文章が見えたとしたら、すでにパラグラ
フ・リーディングの実践ができていることになる。パラグラフ・リー
ディングには、このほかにも、具体例の読み方や比喩の読み方といった
ことが含まれてくるが、それらは課題文を読みながら説明することにし
よう。

　パラグラフ①から始める。最初の文で、

　　私たちはある程度自分の話し方や話す内容をコントロールすること
　　ができます。

とあって、十分な抽象度があり要約的な感じもする。これが中心文かと
思いながら続きを見ていくと、**具体例**が、男性と女性、大人と子ども、
人の口まね、と並ぶので、そちらは支持文だとわかる。次には**比喩**が出
てくる。

　　ことばは洋服のようなものです。

比喩はどこか深遠で抽象的そうな響きをもつため、これが中心文かと
迷った人もいたかもしれないが、**比喩とはやはり何かの補足であって、**
基本的に支持文と思っていい。では何の補足かというと、やはり第1文

66

の、自分のことばをコントロールできるということを説明して、いうなればそれは、私たちが洋服を選んだり取り替えたりするのと同じようなことだ、と言っていると考えられる。**比喩は理解を促進するために使われているので、内容理解には積極的に役立てたい。**けれども、それ自体は中心文ではなく、**具体的な内容を確認して中心文に戻るようなイメージ**となる。というわけで、第1文が中心文で、あとは支持文である。

　パラグラフ②はどうだろう。ここも、最初の文がなかなか要約的な佇まいをしている。

　　人間は嘘をつくことがあります。

人間は嘘をつく、とここで初めて「嘘」が出てきて、後ろにも嘘という言葉が繰り返されるので、文字どおり"トピック＝話題"として「嘘」を導入したと言えるだろうか。続く2つの文あたりは少し細かいことを言っていて補足らしい感じがするが、その次には、

　　…詐欺や偽証などが犯罪になることもあります。

と、「嘘」から「犯罪」へと話が展開されている。これは重大な展開そうに思える。とするとこれは、最初の文で導入されたトピックを展開して、一つの結論を導いたと考えたくなる。ここで最後の文が気になるかもしれない。

　　ことばを発することは、…なぜ犯罪になりうるのでしょう？

ことばは単に空気を振動させるだけなのに、などと言われると何とも意味深な感じがして迷いそうになる。だが、考えてみれば、ここで書かれている話はそういう物理的な仕組みのことでは全くなく、あまり実質的な意味がない。ここは、一種のダメ押しとしてちょっと強調してみせた、と考えればいい。第1文が中心文で、嘘は犯罪にもなることを述べた文が結論文、と見ておきたい。

　パラグラフ③は長い。ここでも第1文には中心文らしさが感じられ

る。

　それはことばに社会性があるからです。

「社会性」という言葉が出てきて、これまで「嘘」とか「犯罪」と具体
的なことを述べていたところから、**一段と抽象度が上がる**。やはりここ
は、それまでの話を「社会性」というトピックとして置き換えたと見た
くなる。続く文はいかにも補足で支持文とわかるが、中ほどに難しい一
文が出てくる。

　情報は真実でなければならないという情報の質の原則は、情報伝達
　に誠実さを求めることだとも言えます。

専門用語らしい言葉も出てきて大事そうにも見えるが、いきなり専門的
な話でやや唐突感もある。それよりは、その次の文、

　ことばでのやりとりには、ことばを用いる人どうしの信義と信用が
　必要なのです。

の方が、同じような内容を前からの流れに沿って述べた感じですんなり
理解できる。そうするとこの文が、「ことばの社会性」というトピック
の展開として導かれた、用いる人同士の「信義と信用」という結論文だ
ろうかと思えてくる。その後ろにも、「約束」や他者の「名誉」といっ
たそれなりに重そうな事柄が書かれるが、ここでは具体例的な位置付け
で支持文と見ていいだろう。最後の最後、深遠そうな言い方が再び出て
くるが、言葉はただの空気振動ではない、というのはほとんど洒落みた
いなものである。ということで、第 1 文が中心文、中ほどの「信義と信
用」の文が結論文、と見ておこう。

　パラグラフ④は、「舌禍」という具体的な話で始まる。徒然草の例も
出て、全体に具体的なトーンが続く。半ばを過ぎて、こんな文が出てく
る。

　ことばなしでは、抽象的な思考もままならず、明確に考えを伝える

　ともできません。

一般性のある内容で抽象度も高く、いかにも中心文かと思えるかもしれない。だが、落ち着いて中身を考えると、ここまで展開されてきた「ことばの社会性」というトピックと触れてこないことに気がつくだろう。実はこの文、「舌禍」から始まった流れの中で、ならば何も言わなければいいのかという問いに対する答えなので、働きとしては支持文と見るべきだろう。残るは最後の文となる。

　　曖昧模糊たる物事をはっきりと切り分ける刃物であることばは、便
　　利な道具ですが、それで他人や自分を傷つけてしまうこともあるわ
　　けです。

上の文を受けて、ことばは物事を明確に切り分ける刃物のようで便利だが、その鋭さゆえに人を傷つけてしまう力ももっているのだと述べられる。ここはこの文が中心文（かつ結論文）ということでよさそうである。

　最後のパラグラフ⑤もなかなか長い。どうやらここは「約束」についていろいろ考えているとわかるが、少し具体的すぎる始まりに思える。先を見ていくと、

　　相手が約束を守ろうとするのは、やはり、ことばの社会性が強制力
　　として働いているからです。

と来る。これはまさにここでのトピック、という感じがする。次は具体的なケースの検討で、待ち合わせ、契約、許可証、証明書、結婚でさえ一種の契約だ、とこれらは支持文だろう。それらを通して導かれるのが最後の文で、

　　私たちの社会生活の中では、社会性によってことばは力を持ってい
　　ると言えるでしょう。

と述べられる。いかにも〆の文というまとめ方で、第2文が中心文で、

最後の文が結論文、ということになろう。

　以上、やや詳しく見てきたが、理解してほしかったことは、**中心文や結論文を見分けながら読むことが、パラグラフの主張を立体的にとらえるための有効な手段**だということである。それらの認定について唯一解を求めることが目的ではないので、あまり神経質になる必要はない。そしてもう１つ、このような読みをしてくると、文章全体の要約的な理解が非常にしやすくなるという利点がある。最後にそのことを実践しよう。

要約文を書く

　パラグラフごとに**中心文や結論文を決める**ことができたら、**基本的にそれらを足し合わせて調整したものが全体の要約文となる**。具体例は盛り込まないか、優先順位が低く、また比喩もそのままでは用いないのが原則である。下にその方針でまとめてみた要約文を示す。できれば、各々自分なりの要約文を作ってみてほしい。

Q.
課題文を要約してみよう。字数は200字以内とする。

A．要約例１
人は話し方や内容をコントロールすることができ、嘘をつくこともできる。しかし、嘘をつくことが基本的に許容されず、ときに犯罪にさえなるのは、ことばに社会性があるからである。ことばには、用いる人の信義と信用が必要で、それを欠くとことばは人を傷つける道具になってしまう。人とのやりとりの中で約束が大事とされるのは、約束がことばの社会性の現れであって、ことばが社会性によって強制力となるからである。（194字）

　内容面では、上で読み取ってきた中心文や結論文に若干の補足を加えた程度で、かなり機械的につなげただけである（順番も変えていない）。要約文といえども文章だから表現の調整は必要で、何箇所か"切ったりつなげたり"している[3]。字数を200字としたのは後づけで、大体足して書いてみたらそのくらいの字数だったのでそれに合わせた。

　試験問題の類でなければ要約の字数が直接問題になることはあまりないが、レポートや論文を書く際に要約して言及するというケースは多く、そのときの文脈次第で長くも短くもなる。上の例が比較的長い方だとすると、短い場合はどうなるだろう？　これもやってみてほしい。

Q.
　課題文を要約してみよう。字数は45字以内とする。

A．要約例2
　ことばには社会性という性質があり、ことばが人間同士を結びつける力の源泉となっている。（42字）

　この例は、私なりの**最も短い要約文**のつもりである。実は要約は短い方がある意味で難しい。なぜかというと、中心文にせよ結論文にせよ、何かを選んでそのまま使うことができなくなるからである。この例でも、前半はいいのだが、後半はどうしても、**いくつかの要素を自分の言葉でまとめる必要**が出てくる。

　文章を読むことと書くことの連関を感じ取ってもらえただろうか？何をすればいいかがわかれば、あとは実践である。まずはとにかく、**毎**

3）実践的なことを1つ言えば、「は」と「が」の使い方がこういうところでも生きてくる（第7章で詳しく見る）。各中心文等を「〜は…」の形でつないでしまうと、「は」だらけで何が主題なのかわからなくなる。そこで、関係のある要素は「が」にしてひとまとめにしてから「〜のは…からである」のように主題を整理して述べると、全体のメリハリが全然違ってくる。

度意識しながらやっていくこと、そうすればいずれ、意識しなくても自然に実行しているようになる。そこがとりあえずの目的地である。

5 │ 読むスキル②：つながりを読む

《**目標＆ポイント**》　論理とは接続であるとの考えに立って、接続のタイプと接続語の働きを確認しながら整理する。その上で、接続によって文章の論理構造が作られていくことを、実践の中で理解する。
《**キーワード**》　接続、接続語、論理構造

1.　論理とは何のことか？

　前章で、"読む"とは書き手の"言いたいこと"をとらえることであり、そのためには話の"まとまり"と"つながり"をとらえることが肝要だと述べた。そのうち、前章では"まとまり"を読む方法としてパラグラフ・リーディングを導入した。本章では、"つながり"に目を向けていく。

　書き手には"言いたいこと"がある。ならば、それを読み手にわかってもらえるようにと願いながら順序立てて記していけば、自然にわかってもらえるのではないか？と思われるかもしれない。だが、"言いたいこと"というのは、何かに対する違和感だったり、何かの気づきだったり、何かに触れて湧いた思いだったりするだろう。そうしたものは、当たり前のようにそこにあるものではないから、何かを反転させたり、何かを比較したり、何かから導いたりすることで、初めて相手にわかってもらうことができる。だとすると、そのように述べていくためには、**流れの"交通整理"**が必要となる。もっぱらそういう働きをしている言葉を「**接続語**」という。本章では、接続語に焦点を当てて、その働きをつぶ

さに見ていくことにしたい。まずは、ちょっと問題を考えてみてほしい。

Q.

次の文章の空所①〜⑤にはどんな接続語を入れたら文意が通るだろうか？　後に掲げる語群から選んで入れてみよう。

接続関係は接続表現を明示することによって表現しうる。（　①　）、日本語の使用において一般に接続表現は敬遠されがちである。（　②　）、われわれは曖昧な接続関係を好みさえする。そしてときには、曖昧に響きあう複数の叙述や問いかけが、独特の効果を生み、名文ともなる。

（　③　）、われわれはしばらく「美しい日本語」を忘れることにしよう。接続関係の明確な骨張った文章を正確に理解すること、（　④　）自分でもそのような表現を作れるようになること。そのため、あえて可能なかぎり接続表現を明示し、吟味することにしよう。それはまた、論理的な日本語の再発見でもある。

（　⑤　）、しばらくの間、2つのことを心がけていただきたい。ひとつは、自分で議論を構成するときに、意識的に接続表現を多用すること。多少日本語が拙いものになっても当面はしょうがない。接続表現を自覚するには、明示的に接続表現を用いるしかない。

（野矢茂樹『論理トレーニング』1997年、産業図書、p.1 より）

|語群|　　さらには　　　そこで　　　そして　　　だが　　　ところが

　「論理」と聞いただけで身構えてしまう人も多いだろう。たしかに、「論理」という言葉には、人を寄せつけないよそよそしさがある。もしも論理がどこか抽象的な次元でのみ意味をもつのなら、私たちが日常的に使う言葉は論理とほとんど関わりをもつこともないだろう。ところが実際、私たちは日々、あの人の話は論理的でなくてわからないとか、この人の文章は論理的で明快だとか、あれやこれやを論理という観点から評したりする。実は**論理は私たちの身近にあり、私たちの暮らしの中にある**。

　では論理とは何だろう？　**論理とは文章や話の一つ一つの要素を結びつける“つなぎ”のことである**、と喝破した書物がある。上で引いた野矢茂樹『論理トレーニング』（および『論理トレーニング101題』2001年、産業図書）がそれで、文と文のつなぎが論理ならば、“つなぐ”ために置かれる言葉——すなわち接続語——を正しく使えることが論理を理解する近道になる、との考えを実践している。本書も同じ考え方に立つ。**要素と要素が正しくつながれたなら、少なくとも結論まで飛躍なしにたどって行ける文章が出来上がる**。それは論理的と呼ばれる文章にほかならない。

　文章を書くとは、文という“石”を置いていくこととは違う。野矢も述べているように、日本のいわゆる名文とされるものほど、接続関係を明確にせずに読者に読み取らせ、かつ残る曖昧な部分を“余韻”と呼んで評価する傾向がある。しかし、本書が目指すのはそうした名文ではない。一つ一つの要素の関係が明確で、その人がどんな前提から出発し、どんな材料を取り上げ、何を根拠として、最終的にどんな結論を導いているかが、読み手に明確に伝わるような文章を書けるようになることである。

　さて、冒頭の引用兼問いだが、これは文字どおり、「論理トレーニン

グ」という考え方を述べた一節であり（引用）、同時に、そこでどんな
接続語[1]がどのように用いられているかを考えてもらおうという導入
（問い）である。内容を考えながら問いに答えていくとしよう。

A. ....

　文章の後ろに語群が与えられているので、一通り見ておくことにす
る。より形式的な整理は後に回し、ここでは普通の言葉による説明を試
みる。まず、「さらには」は、"上乗せ"する接続語である。「そして」と
似ているが、「さらには」の方が"同じ方向"の延長線上というニュアン
スがある。次の「そこで」は、前に述べられたことからの帰結を表す
が、何らかの"条件"を満たすための方策というようなニュアンスがあ
る。「そして」は、話の流れから自然に加えられそうな事柄を"並べる"
ないし"付け加える"接続語である。最も中立的な接続語と言ってもいい
かもしれない。次の「だが」は、「しかし」とよく似た使い方をする。
違いは、「しかし」では話の大きな文脈上で内容が対立的であるのに対
し、「だが」は少し焦点が狭く、ある観点について話が正反対に引っく
り返るような相違が感じられる。最後の「ところが」も内容を"ひっく
り返す"接続語である。「しかし」と似ているが、「ところが」には"予想
や期待に反して"というニュアンスがある。

　では本文の方を見ていこう。考え方としては、「接続語」なのだから
とにかく前と後ろがどのような関係にあるか？を見るというのが定石で
ある。①の前では、接続関係は接続表現によって表現されることが述べ
られていて、後ろでは、日本語では接続表現が敬遠されがちであること
が述べられている[2]。前件から読者は、では接続表現がどのように使わ
れるのか？という展開を予想する。一方、後件は、接続表現が使われな

1）「接続語」という呼び方は文法学の正式なものではない。「接続詞」という品詞
が主だが、文法的には「副詞」や「助詞」に含まれる語もあるため、前後の要素を
"つなぐ"機能に着目して「接続語」ないし「接続表現」とまとめて呼ぶことにす
る。

い傾向にあるという内容である。ということで、ここは、**予想や期待に反して話をひっくり返す「ところが」が入る。**（この時点では「だが」も候補として残るが、後ろで「だが」しか入らない箇所が出てくる。）①の後件がそのまま②の前件になっている。②の後件はというと、日本語では曖昧な接続関係が好まれさえすると述べられている。「さえする」という言い方にも表れているとおり、ここは**論の上乗せであり、しかもそれは同じ方向の延長線上と考えられるので、「さらには」が入る**[3]。

　③のところで改行されているが、内容的には②の続きの部分を前件と考えれば、曖昧に響き合う文章を名文と考える傾向がそれである。後件はというと、しばらくの間「美しい日本語」を忘れようとの著者の提案である。ここでは明らかに**話がひっくり返されることになるが、**語群に「しかし」等はなく、また「ところが」だと驚きのニュアンスが必要となるので、ここでは入らず、答えは「だが」となる。（文末が「…ことにしよう」と意志形になっていることも、「ところが」が当てはまらないことの理由である。）いまの後件を受けて、接続関係の明確な文章を正確に理解することが述べられ、それが④の前件となる。後件は、自分でも接続関係の明確な文章が書けるようになることが述べられる。前件と後件は、接続関係の明確な文章という同じトピックに関して、読むことと書くことという**2つの側面が並列されている。**ということで**中立的な「そして」が入る。**問いにはしていないが、この文を前件として、その目的を実現する手段が「そのため」を介して後件に述べられる。

　その、接続関係を考えてあえて積極的に明示しようとの提案が⑤の前件である。後件は、しばらくの間心がけてほしいことが2つあると述べられる。これは、前件を実行するために実践すべき事柄ということで、

2）以下、このように「前に述べられている事柄」と「後ろで述べられている事柄」にたびたび言及することになるので、簡単にそれぞれ「前件」「後件」と呼ぶことにする。
3）この部分、原文は「さらに言えば」となっている。接続語の練習用ということで「さらには」に置き換えた。

前件に対する具体的な方策を述べる関係となっており、「そこで」が入る——上の「そのため」とも似ていて、ここでは相互に入れ替えても文意は通る。

　以上をまとめると、正解は次のようになる。

　　正解　　①ところが　②さらには　③だが　④そして　⑤そこで

　先に述べたように、この文章は論理に強くなるにはどうしたらいいかを述べた一節でもある。内容面で心がけるべきこととして挙げられている２つの点を確認しておこう。１つは、**自分で書くときに意識的に接続関係を使うことである。多少ぎこちなくなってもかまわないから**、いちいち接続表現を明示することが勧められている。もう１つはこの引用部の後ろで述べられているが、論理的な文章を読むときに、その接続関係を考えながら読む練習をすることが勧められている。これは、**文章を読みながら、文と文の間にいちいち接続表現を補って読んでみること**と言い換えてもいい。要は、書くときにも読むときにも、一つ一つの文がどのような接続関係にあるのかをいちいち明示してみることが、接続表現の働きすなわち「論理」というものを理解することの早道である。**一旦、接続表現をすべて入れてみた後で、なくても自然に理解できそうなものを落としていき、なければ文意がとれない（とりにくい）箇所だけ接続表現が残った形を最終形とする**、と考えてもいい。

2. 接続語を理解する

　では、接続語にどんな種類があるかを見ていこう。接続語を種類によって分けるということは、**接続語を機能別に分ける**ということである。接続語を解説した本などではたいがいこうした分類がなされている

が、分類の数や線引きなどは少しずつ異なる。本書では、**論の展開の "交通整理"** をするのに必要と思われる接続語を、以下のように４つの類、11の種として分類する。そして、それらの一つ一つに固有の記号を割り当てることにする。文章を読みながらその記号を書き込んでもいいし、また、それらを使いながら、**文章全体の論理構成を図式的にとらえる**のに使うことができる。どれも身近な単語ばかりだが、使い方に関して注意しておきたい点を、以下それぞれ確認する。なお、一部の語は複数の種にまたがっている。

ａ）**順接的な展開**

順接［→］：　そして、それで、すると

帰結［⇒］：　したがって、それゆえ、そのため、そこで；
　　　　　　　だから（やや口語的）

ｂ）**逆接的な展開**

逆接［↔］：　　しかし、だが、けれども、とはいえ；でも（口語的）

（＋意外性）［↔！］　ところが、それなのに

付言［(↔)］：　ただし、もっとも、なお

ｃ）**並置と選択**

並列［＋］：　また、そして

添加［＋＋］：　しかも、さらに（は）、そのうえ、かつ

選択［／］：　あるいは、または、それとも

ｄ）**その他の展開**

換言［＝］：　つまり、すなわち

理由［←］：　　なぜなら

例示［⌐］：　　たとえば

話題転換［├］：　　さて、ところで、では

a．順接的な展開の接続語

　論の流れは、大きく順接と逆接に分かれる。違いは、**流れに方向転換があるかないかで、方向転換がなければ順接、あれば逆接**である。順接はその名のとおり論がすなおに流れていくが、何かしら"＋α"のニュアンスを帯びるものがある。話の締めくくりとして後件が導かれる場合には、後件に重きが置かれる。

・**順接［→］**：　　そして、すると、それで

　まず、順接の基本的な接続語である。単純な流れということで、記号は［→］にした。使い方は、「そして」が最も無色透明で、「すると」「それで」の順で"過程"が意識されるようになる。たとえば、

　(1)　｛そして／すると／それで｝　2人は会社を作った。

という例で、「そして」だと事の展開（結果）のみが語られる印象なのに対し、「すると」は"次の一手（一歩）"といった進行が焦点となり、「それで」だとそれまでの"経緯を反映して"というニュアンスとなる。昔話のような"お話"には「すると」がよく使われ、たとえば「花咲かじじい」（楠山正雄作）など、よく知られた短い話の中で「すると」が 8 回も現れる。花咲かじいさんに何かいいことが起こると、「すると、おとなりの欲ばりおじいさんが、それをきいてたいへんうらやましがって…」というふうに、「すると」が話を進める役割を担っている。

・帰結［⇒］：　　したがって、それゆえ、そのため、そこで；
　　　　　　　　　だから（やや口語的）

　順接の中でも、それまで述べたことから**結論的にある事柄を導き出す
ような接続語を「帰結」**と呼ぶことにしよう。当然、ただの順接より
も、**後件に比重が置かれる**ことになる。記号を［⇒］としたが、これ
は、たとえば「PならばQ」を論理式で「P⇒Q」と表すときに使われ
る記号である。これらの語の使い方としてあまり迷うところはないと思
うが、1つ実践的なことを言っておくと、文章の中で結論的な何かを言
いたいと思ったとき、それが一段では終わらないことが実は多い。先ほ
どの野矢の一節でも、結論的な部分が、「そのため」と「そこで」とい
う2つの接続語によって二段構えで導かれている。その際、同じ接続語
を2度用いるのは格好が良くないので、単語を変えて用いることが多
い。最も結論らしい語は「したがって」や「それゆえ」だろう。どちら
かというと、「それゆえ」では前の理由に焦点があり（「ゆえ」だから）、
「したがって」では後ろの結論に焦点がくる（「従う」から）という違
いがあるため、「したがって」の方がやや"重たい"印象となる。

ｂ．逆接的な展開の接続語

　論の展開に関して、順接と逆接とどちらに気をつけるべきかと問われ
たら、答えは逆接である。内容的な問題ではない。論の展開として見た
場合、順接というのは論の方向転換がないケースだから、たとえば文章
をあまり注意深く読んでいなかったとしても誤解する危険は相対的に少
ない。一方、**逆接の場合は、まずとにかく論の方向転換がある。**だか
ら、そのことを見落とすと話が見えなくなってしまう。さらには、ここ
が重要なのだが、**論の方向が変わった後の流れがどうなるかが決定的**で
ある。つまり、方向転換をしてそのまま進むなら、論全体の流れがそこ

で変わったことになる。一方、方向転換はあったが、論全体の流れは保持されたままだとしたら、その転換は全体の趣旨に変更を及ぼすほどのものではなかったことになる。この相違によって、以下のタイプも分かれる。

・逆接［↔］：　しかし、だが、けれども、とはいえ：でも（口語的）
　（＋意外性）［↔！］　ところが、それなのに
　ここに挙げた語は**基本的に論旨自体の転換を導くものであり、記号も**反対矢印の［↔］とした。「しかし」に比べると「だが」は**働きが細かく、ある事柄を肯定から否定に（またはその逆）転換するニュアンスが**強い。「しかし」の方は、**何らかの点で対立的と考えられる事柄なら、かなり広くつなぐことができる。**次の２つの文例で、空白の部分に入れる表現としては、それぞれどちらがいいだろうか？（２つには異なるものが入る）と言われたらどちらにするか、考えてみてほしい。

　（2a）依然として資金繰りは苦しかった。しかし、＿＿＿＿＿＿＿＿。
　　　　仕事は楽しかった　／　何とかやり繰りするしかなかった
　（2b）依然として資金繰りは苦しかった。だが、＿＿＿＿＿＿＿＿。
　　　　仕事は楽しかった　／　何とかやり繰りするしかなかった

文法的にはどちらを入れても正しいのだが、どちらがより自然な流れになるかと考えると、

　（2a）依然として資金繰りは苦しかった。しかし、仕事は楽しかった。
　（2b）依然として資金繰りは苦しかった。だが、何とかやり繰りするしかなかった。

となるのではないだろうか。つまり、（2a）では、前件と後件が別々の事柄であるのに対し、（2b）では、前件と後件がお金のやり繰りという一点において反対を向いている。これを「しかし」と「だが」の差であると考える。

　同じ逆接でも、先ほどの「ところが」のように、前件からの予想や期待に反して論を転換する接続語がある。それらは、**意外性が加わった転換**と言えばいいだろう。

・**付言**［(↔)］：　ただし、なお、もっとも
　まずは、次の文章中の空所にどんな接続語を入れることができるか、考えてみてほしい。

（3）山野の自然を楽しむ手段として、歩くことの目的や行動をハイキングとかヒル・ウォークという。〔…略…〕登山は目的地が山に限られるが、ハイキングは山以外の場所、高原や丘陵や、平野部、海岸などでも行われる。（　　　　　）、歩くことを目的とするスポーツであるから、道のないルート、たとえばザイルなどを使ってロック・クライミングをしたり、自らルートを切り開いていかなければならないコースをいくのはハイキングではなくなる。つまり、たとえ高い山でも困難性がなく、安全な登山路を辿って上下する場合はハイキングであり、低い山でも道のない沢登りをしたり、岩登りをすればクライミングとなる。　（小倉厚『定年後は山歩きを愉しみなさい』1996年、明日香出版社）

山野を歩くことを楽しむのがハイキングであるという内容が前件、それに対し、道のないところを歩くのはハイキングではないとの内容が後件

であるので、逆接的な展開であることはすぐわかる。問題は、接続語を
「しかし」タイプにするか「ただし」タイプにするか？である。

　見分け方は、前件と後件のどちらに論の比重があるかを考えればい
い。もし**前件に比重があれば、ここで方向転換があっても、論全体の流
れは元に戻る**と考えられる。逆に、**後件に比重がある場合には、ここで
の方向転換によって論の趣旨自体が変わった**ことになる。(3) はどうか
というと、全体のトピックは「ハイキング」であり、そのこと自体は変
わらない。後ろでハイキングかどうかの境界が述べられるが、前件に置
かれていた比重が変わるわけではないので、空所に入るのは「ただし」
のタイプである（原文は「但し」）。転換はあるが論の趣旨自体は変わら
ないということで、記号は［(↔)］とした。

　例に挙げた3語の間で比べるなら、**後件の比重は「なお」＜「ただ
し」＜「もっとも」の順に大きくなる語感**がある。「なお」と「ただし」
は、「尚々書」や「但書」といった言い方もあるように[4]、前件に対す
る例外を加えたり条件を付けたりする使い方が基本である。

ｃ．並置と選択の接続語
　順接も逆接も論の流れを作る接続語という点では共通していた。それ
に対して、ここにまとめた3つは、**それ自体は流れを作らず、要素を示
すことに働きがある**タイプである。2つ以上のものを並べるものと、2
つ以上のいずれかを選ぶものが基本である。

・並列［＋］：　また、そして
　2つ以上の要素を並べて置くのがこのタイプである。「そして」は順
接にも入れたが、特に流れを作らないものもあるので、ここにも入れて
おく。記号は単純に［＋］とした。どちらの例もほとんど説明の必要が

4）尚々書〔なおなおがき〕など特に、手紙の中で何の重きもないちょっとした付
け足しのように見せておいて、実はそこに"真の用件"を書くといった技法は昔から
ある。それはまた別次元の問題である。

ない語に思えるが、"反面教師"的な意味で「また」の使い方に触れておきたい。レポートなどを書くときに、「また」を多用する人がときどき目につく。言葉の硬さからするとレポートなどに合いそうに思うのだろうが、**実は学術的な文章を書く際に「また」は危険**である。それを考えるために、次の用例を見てほしい。市の広報誌の一節だが、空所にどんな接続語が入っていただろうか？

(4) 市では、きれいで快適な住みやすい街づくりを目指し、パトロールの実施や監視カメラの設置などで監視体制を強化して不法投棄の防止に努めています。引越しの多い時期ですが、ごみの収集日や分別などのルールを守ってください。（　　　　）、土地の所有者も、さくや看板を設置するなど自分の土地を管理し、環境美化にご協力ください。　（「広報いちかわ」2008年14号、千葉県市川市）

これの答えがまさに「また」である。「そして」も不可能ではないが、前件と後件の関係からして、やはり「また」がいいだろう。その理由は、前件と後件の関係のうちにある。実は前件と後件の間には、あまり**関係がない**。前件は住民に対する要望であり、後件は土地所有者に対する要望である。つまり、前者と後者は、たまたま市がそれぞれに要望したい相手だっただけで、相互に直接の関係は有していない。**関係はないけれども、両方ともここで言っておきたいという印**として用いるのが「また」なのである。

　「また」は危険だと言った理由がこれでわかるだろう。レポートや論文というのは、基本的に要素同士を関連づけて論を組み立てていく文章であるのに、そこで「また」を多用してしまうと、書いている本人は何かを関係づけているつもりでも、論としてはむしろ、関係がないことを

いくつも書き散らかしているような具合になってしまう。少なくとも、**「また」によって論の流れが作られるとは思わない方がいい。**

・添加 ［＋＋］：　しかも、さらに（は）、そのうえ、かつ
　後件がそれ自体付加的なニュアンスを帯びている場合がこれである。「添加」とし、後で見る並列にさらに上乗せがあるということで記号は［＋＋］とした。先の問題文で見たように、前件で述べられた何らかの点を引き継ぎながらさらに何かを上乗せする語である。「しかも」は、「さらに」「そのうえ」と比べると、前提となる共通部分が大きい印象がある。

・選択 ［／］：　あるいは、または、それとも
　2つ以上のものから1つを選ぶということで、選択の接続語である。記号は［／］とした。2つの名詞などをつなぐ場合は3つの語のいずれも使えるが、文と文をつなぐ場合で、硬めの文章で用いられるのは「あるいは」である。それに関して1つ注意しておきたい用法がある。次の（5）の空所に入る接続語を考えてほしい。

　（5）でも実際のわたしたちは、ひとりずつそこに閉じこめられたまま、どこに行くこともできない囚人のようなものに過ぎない。ふたつの衛星の軌道がたまたまかさなりあうとき、わたしたちはこうして顔を合わせる。（　　　　）心を触れ合わせることもできるかもしれない。でもそれは束の間のこと。次の瞬間にはわたしたちはまた絶対の孤独の中にいる。　（村上春樹『スプートニクの恋人』講談社、1999年）

単純な「そして」をはじめ、様々な可能性が考えられるだろう。前件は「顔を合わせる」、後件は「心を触れ合わせる」であり、後件の方がより困難を伴うと考えれば、上の添加の例として「さらには」を入れることもできよう。しかし原文では「あるいは」が用いられている。この「あるいは」のニュアンスは、**いくつかある可能性のうちにこれも入っているかもしれない**、というものである。その意味では「選択」なのだが、「もしかすると」に言い換えられるような用法で、だいぶニュアンスが異なる。**「あるいは、こうも言えるかもしれない。」**といった表現もよく用いるので、記憶に留めておくといいだろう。

d．その他の展開の接続語

以上３つの類に収まらないものを最後にまとめた。収まらないとはいえ、重要度が低いわけではなく、どれも頻度は高い（注意が必要なものもある）。

・換言［＝］：　つまり、すなわち

論を展開していくとき、いま述べたことを別の言葉で言い換えたくなることがしばしば生じる。ある意味で、**論とは言い換えを重ねていくものとも言え**、少しずつ材料を加えながら言い換えていったところ、出発点からずいぶん離れた地点までたどり着くことができた、というようなところがある。そのようなわけで、「つまり」も「すなわち」も論文調の文章では欠かすことができない。ちょっと気をつけておきたい用法がある。次の文章の空所に入る接続語を考えてほしい。前衛的な芸術作品のことを述べた文章の一部である。

（6）マット氏が自分の手で《噴水》を作ったかどうかは、重要ではな

い。彼はそれを選んだのである。彼が日常生活品を取り上げ、置く
ことにより、その実用的意味は、新たなタイトルと視点のもとで消
え去ったのである。（　　　　）、彼は、その物品に対する新しい思
考を創造したのだ。　（篠原資明『現代芸術の交通論』2005年、丸善）

　文章自体が難しいが、構えることなく読んでほしい。ある芸術家が1
つの日常生活品を選び、それにタイトルを付けて作品だと言ったという
のが前件で、そのことで彼はその物品を新しい思考によってとらえる創
造をしたのだというのが後件である[5]。後件が大変重いことに気づくだ
ろう。結論めいているとさえ言える。今まで見てきた語でいえば、帰結
の「それゆえ」あたりが最も近い。原文ではここに「すなわち」が入っ
ている。言われてみれば、**前件と後件は言い換えの関係**にある。前件が
ネガティブな角度から具体的に述べているのに対し、後件はそれをポジ
ティブな角度から抽象的な言葉に置き換えて述べている。その意味では
たしかに言い換えなのだが、このように抽象的で重さのある言葉に言い
換えるということ自体、ある結論的な言葉を導いているとも言える。と
いうわけで、「すなわち」や「つまり」には、**帰結に近い用法**があって、
硬い文章ではかなりよく使われる。

・**理由［←］：**　　なぜなら
　説明を要しない接続語だろう。記号は後ろから理由を述べるというこ
とで［←］とした。しかし、**理由を述べることは論文調の文章における
必須の手続き**であることに鑑み、少し強調しておく。何かを説明したり
論証したりすることが文章の目的なら、事あるごとに理由を述べていく
心づもりでいてほしい。ただ考えを書くのとそこに理由を添えるのでは、

5）実はこれは、フランスのマルセル・デュシャンという芸術家が、男性用の小便
器に「噴水」というタイトルを付けてある芸術展に出品したところ拒否されたとい
う逸話である。この（6）はデュシャン自身が書いた文章で、それを日本語に訳し
たものである。

後者の論の流れが全然違ってくる。次の2つの例を見比べてみてほしい。

(7) 肉や魚、貝、木の実などは煮て食べますが、そのとき使うのが深い鉢の形をした土器です。木の実やドングリを食料として利用するには、土器の発明が必要でした。土器で煮ることによって、動物だけでなく木の実や球根など、さまざまのものを食料にすることができるようになりました。

(7') 肉や魚、貝、木の実などは煮て食べますが、そのとき使うのが深い鉢の形をした土器です。木の実やドングリを食料として利用するには、土器の発明が必要でした。<u>なぜなら、ドングリや木の実は煮なければ食べることができないからです</u>。土器で煮ることによって、動物だけでなく木の実や球根など、さまざまのものを食料にすることができるようになりました。

（加藤文三・市川真一・石井郁男『これならわかる日本の歴史Q&A 1』1992年、大月書店）

(7) が原文で、そこから、下線を付した「なぜなら」で始まる理由の一文を取り除いたのが (7') である。(7') も文章としての流れは悪くなく、そのまますっと読めてしまう。しかし、そこで何かを論じているという印象も薄いため、そのまま読み飛ばしてしまいそうである。それに対して (7) は、**後件に理由という支えが置かれる**ことで、前件の「土器の発明が必要だった」ということ自体を、**ある重さをもった主張として確立しようとしている印象**となる。その後だと、最後の帰結が説得力を伴って理解されるようになる。(7) と (7') の違いはかなり大きい。

・**例示** [り]：　たとえば

　これも説明を要しないだろう。記号は、少し次元が変わるという意味合いをこめて［ㄐ］とした。文章を読む側に回るとよくわかるが、論の骨子は必ずしもわかりやすいとは限らなくとも、挙げられている例はわかることが多い。そこで、難しい内容の文章を読むときなどは、**例で内容の具体をとらえておいて、それを抽象的な次元に戻したものが論の趣旨なのだろうと**、具体を手がかりに読むことが有効である。

　逆にいうと、文章を書く場合には、**自分が大事だと思うところほど、わかりやすい例を考えて添える**ようにするといい。**良い例が浮かばないときは、論そのものに何か問題がある可能性を疑う癖をつけてもいい**だろう。例を挙げずにただ論だけ書き連ねた文章は、往々にしてひとりよがりで読者に不親切である場合が多い。

・**話題転換**［├］：　さて、ところで、では

　最後の１つは、話題そのものを新たに始めたり、途中で変えたりする接続語である。話題転換と呼ぶことにして、記号は、一旦切れて始まるということで［├］とした。

　レポートなどでこのタイプの接続語をよく使う人もときどき見るが、実はこれも論理トレーニングのためにはあまりお勧めしたくない１つである。**論理トレーニングは、基本的につながりを切らずに最後までつなげていくことが目的**である。それに対して、このタイプの接続語は、**話の流れをそこで一旦切る**という共通点がある。いわゆる名文では、流れを切っておいて、しかし切れたはずの流れが後でまた１つに交わるというようなところに上手さを感じることが多い。しかしそれは、ここでの目標とは異なるので、むしろ意識的に、このタイプの接続語を使わずに書くことを考えてほしい。

3. 論理を図示する

　論理については次章でも引き続き取り上げるが、いま確認してきた接続語の働きをより実感するためにも、記号を使いながら、実際に**文章の論理構成を"見てわかる"ように書いてみる**ことが有効である。ここでは、先の野矢の文章を題材として、一文一文の内容を短い言葉に置き換えながらまとめてみよう。

Q.
....

　　冒頭の問いの文章を、接続語に注目して記号を用いながら、各文の短い要約をつなげ、全体の論理構成を書き表してみよう。なお、原文で接続語が用いられていない箇所にも適宜接続語を補って考えていいものとする。

A.
....

　　接続関係は接続表現だ、と最初に述べた後で、日本語では必ずしもそのように思われていないという具合に話が転換する。しかしその後、日本的名文は忘れて接続関係と接続表現をとにかく意識化すること、という形で話が再転換して元に戻る。その後は順接的にその主張が展開され、具体的な提案が導かれる。

　　図示というほど視覚的ではないが、流れの方向性がわかるように工夫してみたのが下の例である。最初のパラグラフ内で細かな展開があるが、パラグラフ同士の関係として第１パラグラフと第２パラグラフのつながりを考えれば、自然に流れていく「順接」であることがわかるので、第１パラグラフ内部の展開は一段下げてまとめてみた。転換の転換

で元に戻ることや、全体の帰結が二段構えになっている点など、見えやすくなっていると思う。原文にない接続語を2箇所補ったが（斜字体の部分）、最後に「2つのこと」を具体的に述べ直すところに「すなわち」が顔を出す。

"接続関係は接続表現を明示すること"
　　　　　［↔！］ところが"日本語では接続表現が敬遠されがち"
　　　　　［＋＋］さらには"曖昧な接続関係が好まれさえする"
　　　　　［→］そして"曖昧な響き合いの効果が名文ともなる"
　　　　　［↔］だが
"しばらく「美しい日本語」は忘れよう"
　［→］そして"接続関係の明確な文章を理解する（ように）"
　　　　　［→］そして"そのような文章が書けるようになる（ように）"
　［⇒］そのため"あえて接続表現を明示するようにしよう"
　［⇒］そこで"2つのことを心がけたい"
　　　　　［＝］すなわち"1つは、意識的に接続表現を多用すること"
　　　　　　　　（"もう1つは、接続関係を考えながら読むこと"）

6 │ 考えるスキル①：論理トレーニング

《目標＆ポイント》 論説的な文章を組み立てていく際に、論の一貫性を崩すことなく、また、読み手に無用な解釈負荷をかけることなく理解してもらえる論理構造をつくる方法を、実践の中で理解する。
【キーワード】 接続のタイプ、論理トレーニング

1. 要素をつなぐ

　何かについて文章を書こうと思ったとき、人はまず、そこに盛り込むべき事柄を考えるだろう。いくつか思いつき、メモなどして、言いたいことが自分で見えてきたら、では書き始めようと思うかもしれない。この章では、実はそこで**書き始めるのはまだ早い**、ということについて考えたいと思う。

　盛り込むべき事柄の一つ一つが文章の要素だとすると、第5章でわかったことは、文章とは要素だけで出来上がっているものではないということだった。**要素は、つながれてはじめて流れができ、その流れが論理と呼ばれるものになる。**つながれずにただ置かれている要素は "石" でしかなく、それを集めても、いくつかの石が置かれた風景でしかない。つまり、**書き始める前に、要素をどうつなぐかを考える必要がある。**

　さらにいえば、**自分の思いついた要素が、そもそもつなげられるものかどうか**という問題もある。前章で見たように、もしそれらが「また」や「さて」や「ところで」でしかつなげられないものだとしたら、出来

上がった文章には流れがなく、したがって論理も弱いことになろう。つなぎ方は一通りとは限らないという点も意識しておいていい。**つなぎ方次第で、文章全体の印象は大きく変わる。**そう考えると、要素をつなげられるかという確認をした上で、ではどのようにつなぐかを考えることが、文章を書くための準備として実は欠かせないことになる。準備という意味で、この章のタイトルを「考えるスキル」とした。以下、具体的な問いを考えながら、このことを理解していきたい。

　題材として、大相撲の土俵が「女人禁制」であるということをめぐる議論を取り上げたい。このことについての主張としては、基本的に、Ａ「もはや女性が土俵に上がることも認めるべきだ」か、Ｂ「女性が土俵に上がることを認めるべきではない」かのどちらかとなる。読者にはそれぞれの考えがあることと思うが、ここは練習と割り切って、**ある同じ点から出発して、2つの結論に至るまでの流れをそれぞれどのように作る**ことができるかを、一緒に考えていってほしい。唯一の正解があるわけではなく、複数可能な場合もある。まずはＡの方から始めよう。

Q. ....

　下に並べた文要素を、「相撲は長い伝統をもった1つの文化である」から始まり「もはや女性が土俵に上がることも認めるべきだ」で終わるひとまとまりの文章になるように、接続語でつなぎたい。各文要素の頭にある［　　｜　　　］に、適当と思う接続語を前章で導入した記号とともに書き入れてみよう（例を参照）。与えられた文要素の順序はこのままとする。

（例）［＋｜また　］現代的な「男女平等」の原理は万能ではない。

相撲は長い伝統をもった1つの文化である。

［　　｜　　　］文化は普遍ではなく時代とともに移ろいゆく。

［　　｜　　　］すでに相撲は皆が等しく楽しむものとなった。

［　　｜　　　］現代の相撲はエンターテイメントの側面も強い。

［　　｜　　　］「女人禁制」にこだわることはバランスを欠く。

［　　｜　　　］もはや女性が土俵に上がることも認めるべきだ。

　まずは、**前提と結論の関係**から確認しよう。冒頭に与えられた文「相撲は長い伝統をもった1つの文化である」は、ここから論を開始するということであり、「前提」と言える。行き着く先は、女性が土俵に上がることを認めるべきだという結論である。土俵を女人禁制とするしきたりは相撲の伝統性と結びついているわけだから、この前提から結論を導くには、そのままでは無理で、**どこかに論の方向転換が必要**となる。

　そのつもりで見ていくと、すぐ次に来ている文要素「文化は普遍ではなく時代とともに移ろいゆく」が「文化」のことを述べている。前提にあった「伝統をもった1つの文化」との間で「文化」を共通項としてもっている。前件の「伝統」は、安易に変えるべきではないといった主張を導きやすいが、後件の方は「移ろいゆく」もの、時代とともに変化するものという「文化」の側面をとらえている。つまり、論はここで事実上転換していることになり、「逆接」の接続語を選べばいいとわかる。「しかし」でも「だが」でもどちらも可能である[1]。

　論の方向転換は済んだ。次の文要素は、すでに相撲が「皆が等しく楽しむもの」であることを述べている。文化の変容ということを受けての言葉だから、すなおな展開ということで「順接」と考えることができ

---

1) ここで「そして」を選んだ人がいたら、文章を書き慣れている人かもしれない。事実上は論の方向転換があるところで、それを含意しない「そして」を使うことによって、後ろに来る内容があたかも必然であるかのように見せることができる“高度な”使い方である。

る。特に経緯などが述べられているわけではないから、「そして」でいいだろう。その次でも、似たようなことが少々角度を変えて述べられている。今度は「エンターテイメント」という言葉が出てくる。前の要素と比べると、もう一歩踏み込んだ表現であることがわかる。「伝統」とは対極にあると言っていい。これは、方向性は同じだが上乗せがある、つまり「添加」と考えたくなる。「しかも」でも「そのうえ」でもいいだろう。

　続いて、「女人禁制」についての主張となるが、「エンターテイメント」の話からは少々隔たりがあると感じた人も多いだろう。率直に言ってここは、接続語１つでつなぐには荷が重いが、前章の基本的な接続語でまかないたいと思うなら、多少の飛躍を承知の上で、「帰結」の「それゆえ」あたりでつないでしまうことになる[2]。**接続語を考えることは、単に語の選択をするだけでなく、自分の書こうと思っている事柄自体が無理なくつなげられる内容なのかどうかのチェックをする大事な機会でもある。自分で自分の文章が添削できるようになるための必須のスキルの１つと言える。**

　ここまでくれば最後は容易だろう。結論となる「女性が土俵に上がることも認めるべき」との主張を導くために、「帰結」の接続語を入れることになる。前も帰結の語にした場合には、ここでも最後に帰結が２つ続く形になる。より重みのある「したがって」を入れておこう。帰結の接続語を重ねて用いることは珍しくないが、重なるのが気になるという場合には、一方を換言の接続語にすることもできる。ここなら前の方を「つまり」などに変えることになるだろうか。

　というわけで、解は１つではないが、解答例として次を掲げておく。

---

[2] 文要素の前半部分「女人禁制にこだわることは」だけにかかるものとして、「にもかかわらず」「それなのに」といった接続語を考えることも可能である。ただしその場合、「…こだわることは、バランスを欠く」のようにテンで切らないと理解しにくい。

A.

　　タイプA　　　　　相撲は長い伝統をもった1つの文化である。
　［↔｜しかし　］文化は普遍ではなく時代とともに移ろいゆく。
　［→｜そして　］すでに相撲は皆が等しく楽しむものとなった。
　［＋＋｜しかも　］現代の相撲はエンターテイメントの側面も強い。
　［⇒｜それゆえ］「女人禁制」にこだわることはバランスを欠く。
　［⇒｜したがって］もはや女性が土俵に上がることも認めるべきだ。

記号を使うと、方向転換の有無や、あるとしてどこに転換があるか、また根拠の挙げ方がどのようになっているかといったことがわかりやすいだろう。実際に長い文章を読んだり書いたりするときは、上の一文一文が1つのパラグラフに相当するようなことになるため、**こうした図式化が、読む場合なら要約メモとなり、書く場合なら構成メモとなる。**

　では次に[3)]、結論がB「女性が土俵に上がることを認めるべきではない」のタイプを考えることにしよう。

Q.

　下に並べた文要素を、「相撲は長い伝統をもった1つの文化である」から始まり、「女性が土俵に上がることを認めるべきではない」で終わるひとまとまりの文章になるように、接続語でつなぎたい。先の問いと同じように、適当な接続語とその記号を書き入れてみよう。

　　　　　　　　　　相撲は長い伝統をもった1つの文化である。
　［　｜　　］相撲文化の歴史には神事としての側面があった。
　［　｜　　］土俵が「女人禁制」であることには理由がある。
　［　｜　　］伝統の価値を合理性だけで評価してはならない。

3)「では」はこのように使われるが、ここで、流れが作られているのではなく、実は流れが切れたのだということが、いまやわかるだろう。

　　［　　｜　　　　　］「男女平等」の考えはまだ新しく普遍的でない。
　　［　　｜　　　　　］女性が土俵に上がることを認めるべきではない。

　　文要素を眺め、基本線から押さえていこう。押さえるべき最大のポイントは、前提と結論の関係である。大相撲の土俵が女人禁制になっていることの理由として実際に挙げられるのは、大雑把に言えば、相撲が伝統文化だからということである。これはまさしくこの問いの前提にほかならない。ここからわかることは、タイプBでは、**論の方向転換が起こらない**ということである。これは重要な点と言えよう。

　　まず、「伝統」というキーワードに注目しよう。伝統というのは必然的に古さを含意し、さらには「神事」つまり神々との関わりにおいて行われた側面のあることが述べられている。接続語はどうしようか？「伝統文化」は、長く続いていることと、文化であることを表すが、そこに「神」は含まれていない。「神」が出てくるということは、単に歴史が古いだけではないという「添加」的な意味であることがわかる。ということで、「しかも」あたりでつないでおこう。

　　「神事」という文脈になると「女人禁制」との関係が出てくる。このあたりは歴史や習俗についての見方とも関係するが、神事であることを理由に女人禁制とされたケースを思い描けば、「土俵が『女人禁制』であることには理由がある」につながる。このことは一つの「帰結」として述べられるので、そのタイプの接続語にしよう。ここはまだ軽めがいいので、「だから」ぐらいでもいいだろう。次の「伝統の価値を合理性だけで評価してはならない」は「伝統」から導かれた話に直接つながっているが、接続語はいろいろ入りそうで少し迷うかもしれない。「帰結」と見ることも可能ではある。しかし、直前でも帰結の接続語を使ったば

かりであり、おそらく最後にもまた使うであろうことを考えると、接続語が帰結だらけという印象になるおそれがある⁴⁾。このとき、**言い換え的に何かを導くという手法が有効**である。「…には理由がある」、と述べておいて、それはすなわち……ということになる、という言い換え的なニュアンスを読んで、「換言」的に導く「つまり」あたりを選ぶことができる⁵⁾。

　その次に来ているのは、「男女平等」というこれまでの流れにはない要素である。それについて「まだ新しく普遍的でない」と限定的な評価をしようとしている。これは、新たな要素を提示して、それによって論をさらに補強しようとしていることだから、接続語も「添加」で「さらには」ぐらいの強めのものがいいだろうか。ここで「また」を入れたくなる人もいるだろう。誤りではないが、先に見たように、「また」は単なる並列であってつながりをつくりにくい接続語であるので、その点は考えたい。最後は結論なので、「帰結」で締めくくろう。「それゆえ」でも「したがって」でもいい。

　以上をまとめると次のようになる。

A.
_____

　　タイプB　　　　　相撲は長い伝統をもった１つの文化である。

　[＋＋｜しかも　]　相撲文化の歴史には神事としての側面があった。

　[　⇒　｜だから　]　土俵が「女人禁制」であることには理由がある。

　[　＝　｜つまり　]　伝統の価値を合理性だけで評価してはならない。

　[＋＋｜さらには]　「男女平等」の考えはまだ新しく普遍的でない。

　[　⇒　｜それゆえ]　女性が土俵に上がることを認めるべきではない。
_____

論の方向転換がない、順接的な流れであることがわかるだろう。ここで

_____

4）子どもが何かの理由を説明しようとして「だから」を連発するのを思い浮かべればわかるが、帰結だらけの文章は少々子どもっぽくなる。

5）この２箇所の接続語を入れ換えて、「つまり」を先に使い「だから」を後ろに回すのも悪くない。

は、順接［→］の代わりに添加［＋＋］を２回用いることで、論を補強するような格好になっている。ただし、注意してほしいのは、**添加によって持ち込まれる要素は文脈上新しい情報であるので、内容的な妥当性については十分吟味しなければならないことである**。たとえば、「男女平等」についての評価が述べられるが、もしそれを「人権」という次元でとらえるならば、その時点で「普遍的」との判断になるので（「普遍的人権」）、そうした立場から見ればこの論理には難があると言われる可能性が高い。

展開の形

　以上、AとB、２つのタイプを考えた。ここでもう１つのパターンを見ておきたい。こんな展開はどうだろう？

	相撲は長い伝統をもった１つの文化である。
［　｜　］	「女人禁制」にこだわることはバランスを欠く。
［　｜　］	すでに相撲は皆が等しく楽しむものとなった。
［　｜　］	現代の相撲はエンターテイメントの側面も強い。
［　｜　］	文化は普遍ではなく時代とともに移ろいゆく。
［　｜　］	もはや女性が土俵に上がることも認めるべきだ。

　結論からすればタイプAになる。
　しかし今度は、「『女人禁制』にこだわることはバランスを欠く」という要素が２番目に置かれている。これは最初の問いでは、結論の直前に置かれた重みのある要素だった。こんなに前に置いて大丈夫なのだろうか？　実はこれも論理展開の１つの型と言ってよく、**結論に近い要素を初めに提示しておいて、その根拠を後ろに述べていくスタイル**と言え

る。タイプＡではどこかに論の転換が必要だが、結論的な要素が前にく
るなら、それ自体が初めの前提と対立する。よって、最初の接続語は
「逆接」でなければならない。ここははっきり「しかし」を入れればい
いが、「そうはいっても」のような譲歩的ニュアンスを出したければ、
「とはいえ」を選ぶこともできる。

　**論の大きな転換は、読み手からすればある意味で飛躍とも見える。だ
から忘れずに、後から根拠づけてやらなければならない。**そうした流れ
からすると、ここは「理由」の接続語「なぜなら」が、なかばお決まり
のように選ばれると言っていい。内容的にも、「皆が等しく楽しむ」と
あり、「女人禁制」つまり男だけというあり方にすでに現状が合わない
ことが述べられている。その次だが、前の問いと同じように「エンター
テイメント」ということを「添加」としてとらえてつないでもいい。あ
るいは、これらの要素から導かれるはずの小さな帰結がすでに前で述べ
られているため、ここからの直接の展開はあまり重要ではなくなってい
ることを考え、「添加」でなく単なる「順接」として、「そして」ぐらい
でつないでも違和感がない。

　次は「文化は普遍ではなく時代とともに移ろいゆく」でこれは、「し
かし」に続く３つの要素で述べてきた事情を束ねて、最後の結論へと橋
渡しするような内容と見ることができる。それは、まとめて言い換える
ようなことだから、「換言」と考えて「つまり」などを入れることがで
きる。**換言の接続語が実はとても便利である**ことがわかるだろう。最後
は結論を導く、「帰結」の「それゆえ」や「したがって」を選ぶ。

　以上は次のようにまとめられる。

タイプＡ－２　　　　相撲は長い伝統をもった１つの文化である。
　［ ↔ ｜ しかし ］「女人禁制」にこだわることはバランスを欠く。

［←　｜なぜなら］すでに相撲は皆が等しく楽しむものとなった。
［→　｜そして　］現代の相撲はエンターテイメントの側面も強い。
［＝　｜つまり　］文化は普遍ではなく時代とともに移ろいゆく。
［⇒　｜それゆえ］もはや女性が土俵に上がることも認めるべきだ。

ここまで見てきた3つの型は、それぞれ**論理展開**が異なっていた。特徴をとらえて名前をつけるとしたらどうなるだろうか？　初めのもの（タイプA）は、**小さめに方向転換してから要素を重ねていくタイプ**と言えそうである。たとえば、「**転換順接型**」などどうだろう。次のタイプBは、**方向転換がなく、順々に根拠を重ねていくタイプ**と言える。シンプルに「**順接型**」でいいだろうか。最後のもの（タイプA−2）は、**大きく方向転換してから支えとなる根拠を固めていくタイプ**と言えるだろう。たとえば、「**転換説明型**」といった名前が思い浮かぶ。

2. 論を立てる

　前章と本章の2章近くをかけて、接続語の働きとその使い方について見てきた。接続語がいくらか身近に感じられ、論理というもののイメージが少しでも具体的になったとしたらうれしい。その仕上げのような意味も込めて、ある意見についての考えを論理的に展開するという実践練習を最後にやってみよう。

　その前に1つだけ、狭義の接続語ではないが、それと合わせて使えるようにしておきたい論理展開の標識をいくつか紹介しておきたい。

　　論理展開の標識
　　[**順序**]　まず（第一に）、第二に、最後に
　　[**対比**]　一方…、他方…、これに対し

　　［仮定］　（もし）そうであるならば、ならば
　　［大前提］　そもそも、まず

　論の中で２つの要素を対比的に述べたいことは非常に多い。「対比」の
展開は必須パターンの１つであろう。「仮定」は上でも少し触れたが、
ある事柄を前提として考えていいのならこうなる、という展開もなじみ
深いものの１つである。それから、「大前提」としたのは、自分の議論
を始めるにあたって、**読み手との間でこのことは共有しておきたい（つ
まり認めてもらいたい）**ということがしばしばあり、それにも名前を与
えておきたいと思ったからである。
　先に接続語として挙げたものの中でも、たとえば、「理由」の「なぜ
なら」を明示的に言うことは実はそれほど多くはなく、「それは…だか
らである」という形を用いることが多い。また、「換言」が、「言い方を
変えれば」や文字どおり「換言すると」などで表現されることも多いと
いった点を、合わせて理解しておこう。
　では最後に問いを考えてほしい。

Q.
公共の場での喫煙を禁止するという考えについてどう思うか？
「禁止に賛成」の立場から議論を組み立ててみよう。字数は300字以
内とする。論点１つではなく、いくつかの論点が論理的につながる
ように意識して接続語を積極的に用いながら書いてほしい。

　初めに一点触れておくと、この問いは自分の意見を書くように求めて
おり、文章の種類としては「意見文」となる。第８章で説明するよう

に、事実だけで書く「説明文」とは種類が異なる。ここでは、論理展開の練習として取り上げた。

　読者の中には喫煙者もいるであろうことはもちろん承知しているし、それぞれに考えもあることと思う。だがここでは、「公共の場での喫煙を禁止する」ことに「賛成」する立場に立って、論を作ってほしい。それは一つには練習だからということもあるのだが、また一つには、「禁止反対」の立場で書いた場合、複数の論点をつなぐことが難しいという（現実的な）理由があるからでもある。これについては最後に触れる。

　まずは、盛り込みたい論点を、思いつくままに挙げてみよう。ほとんどの人が書くであろうことは、タバコの煙は広がるため周囲の人も吸うことになったり、また臭いを付着させたりするということで、まとめて言えば、周囲の他人に迷惑をかけるということになるだろうか。「受動喫煙」という言葉も定着した今、受動喫煙が非喫煙者に肺ガン等の疾病リスクを負わせることになるという論点は不可欠と言っていいだろう。

　長い文章になるほど、１つの事柄を複数の側面から見て述べるということが増えてくる。１回述べたら終わりというのではなく、別の観点から見たら何が見えてくるかも検討する姿勢と言ってもいい。いまの受動喫煙の話を少し違う観点から述べ直すことができる。喫煙者側に立った場合、喫煙は個人の権利であるという論点が必ず出てくる。それを意識し、あらかじめ封じておくという意味合いも込め、権利や責任という観点から、喫煙者自身が喫煙による原因で病気になるのは自己責任だが、他人に病気の原因を与える権利はない、といった展開が可能である。

　公共の場での喫煙の問題点として、吸殻が町を汚すことや、歩きタバコなどで高温の火がすれ違った人などに怪我を負わせる危険などを指摘する人も多いだろう。公共の場というところから、何かの費用負担が生じたときに税金が使われるということに言及することも可能である。美

観維持や清掃にかかる費用は、非喫煙者も払う税金によってまかなわれることとなって不公平だといった議論である。

　このようにして挙げた要素を、接続語や展開の標識を使ってつないでいこう。結論を最初に書くか最後に書くかはスタイルの問題だが、**ある考えに対する賛否を述べるような文章では、初めに自分の立場を明確に述べ、それから根拠で支えていく形にすることが多い。**論点自体はいま挙げてきたものをもう一度見てもらうことにして、それらを接続語等でつないで作った文章を掲げることにしよう。接続語等の部分に下線を付し、接続語には記号も添える（字数外）。

A.

　公共の場での喫煙を禁止するという考えに賛成する。［←］<u>それは</u>、喫煙が、他人に様々な害を及ぼし負担を強いる<u>からである</u>。<u>まず</u>、タバコの煙は、喫煙者本人だけでなく周囲の人も吸うことになり、不快感を与える。［→］<u>そして</u>、そうした受動喫煙は、非喫煙者にも肺ガン等の疾病のリスクを負わせることになる。［↔］<u>しかし</u>、喫煙が権利であり喫煙が原因の病気になることは自己責任だとしても、他人に病気の原因を与える権利はない。［＋＋］<u>さらには</u>、歩きタバコなどによって、周囲の人に高温の火で火傷を負わせるといった事例が多発する。［＋］<u>また</u>、吸殻で町を汚すことになり、美観維持の点でも清掃費用の点でも、結果的に税金によって費用を負担する市民の損失となる。（297字）

　第4章で学んだ**パラグラフの構造**を思い出してほしい。このぐらいの字数になってくると、パラグラフの体裁ができてくる。上の文章の構造は明確で、**第1文が「中心文」（であり「結論文」）である。第2文以降はすべて中心文を支える「支持文」**だが、特に第2文は、結論を支える

根拠をひとまとめにして述べる形になっているので、**「根拠文」**などと呼び分けてもいいかもしれない。第3文以降は、根拠の具体的な一つ一つを挙げている。第5文の冒頭は、接続語を選ぶのが難しいかもしれない。直前の、非喫煙者にリスクを負わせるという話と、第5文後半の、他人に病気の原因を与える権利はないという話とが、対立的な関係にあると考えて逆接の接続語を入れてみた。ある観点での対立ととらえれば、「だが」を入れることも可能だろう。

　最後のところで、この章ではじめて「また」が用いられている。具体例をいくつか挙げていったとき、ある程度以上はもう列挙するしかなくなることがある。そこで出てくるのが「並列」である。そうなったら、もうあまり挙げ続けても論理の強さとしては変わらない。

　最後に、「禁止反対」の立場から書くとしたらどのような要素と論理になるかについても見ておきたい。思いつきそうな論点を、以下に列挙してみる。接続語等もそれぞれに付すことにする。

反対の論点
・[なぜなら]、喫煙も権利の1つであって、公共の場であってもそれを完全に制限することは行き過ぎだからである。
・[そもそも]、人は有益なことだけをしながら生きているわけではなく、飲酒やギャンブルなど多かれ少なかれリスクや害を伴うことをしており、喫煙もその1つである（「愚行権」）。
・[また]、最近は喫煙の害ばかりが言われるが、喫煙による心理的効果など、有益な側面もある。
・[また]、公共の場での受動喫煙が問題視されているが、公共の場は私的な場に比べて一般的に広いので、隔離された喫煙スペースを作ることは比較的容易である。

・[そして｜また]、タバコの価格はすでに非常に高額となっており、その税金部分によって保険診療などの費用の多くをまかなうことができる。

・[また]、病気になったときの治療費の一部が公的保険によってまかなわれることの不公平を強調する向きがあるが、その点ではアルコール性疾患など類例は他にもあり、保険制度の互助性を崩すとは言えない。

　思いつくかぎり挙げてみたが、つなぎの部分を見て、気づくことがないだろうか？　これらの論点はたしかに列挙されているのだが、それらが互いに結びついて論理の流れを構成するかというと、なかなかそうはならない。「そもそも」から始まって、あとは「また」で列挙していくばかりで、これはつまり、大前提を確認したらあとは"石"を並べるしかないという具合である。どうしてこうなるかというと、**ある主張に「反対」する立場というのは基本的に弁明や抗弁**であって、１つずつ反論するしかないからであろう。**"守り"の論理**の特徴と言えるかもしれない。

7 | 日本語との付き合い方③：「は」と「が」の語り

《目標＆ポイント》　日本語の特徴が論理にも影響している面を見る。つねに選択が問題となる助詞「は」と「が」の働きの違いを検討し、その選択が語りの2種類の構えであることを、実践の中で理解する。
《キーワード》　助詞の働き、息の長さ、情報の新旧、語りの構え

1. 語り方の2つの構え

　日本語で何かを言おうとするとき、とくに文頭近くで「は」と「が」のお世話になることはとても多い。2つセットにされることも多く、また、学校の「国語」の時間にどちらも「文の主部」を表すなどと教わることもあって、**何となく似ている2つの語という印象**をもっている人が多いだろう。しかし、素朴な疑問として、2つの語の働きが似ているなら、1つでは足りないのだろうか？　あるいは逆に、2つ必要だということなら、その2つは、似ているよりも異なっている働きが大事だから2つあるのではないか？といったことを考えてみたくなる。

　結論だけ先に言おう。この章では、「は」と「が」の働きはあまり似ていないこと、むしろ、**いくつかの点で反対と言っていいような違いがあること**を見ようと思う。そして、そのように見た場合、「は」と「が」はそれぞれ、**日本語で何かを語り出そうとするときの"2つの構え"**とも言うべき大事な役割を果たしていることが見えてくるだろう。ではま

ず、下の問いから考えていこう。

Q. ....

1.「は」と「が」だけが異なる次の2つの文例について、文の全体から感じられるニュアンスが(a)と(b)でどう違うかを考えてみよう。

 (a)　隣の家の猫<u>は</u>かわいい。
 (b)　隣の家の猫<u>が</u>かわいい。

2.次に、(a)と(b)を下のような形で長く続けたとき、後ろの部分に入れて自然な感じがするのはどんな文かを考えながら、各々下の選択肢から可能なものを選んでみよう（複数回答可）。なお、話すより書く場合を意識して考えてほしい。

 (a′) 隣の家の猫<u>は</u>かわいいから、＿＿＿＿＿＿＿＿＿＿＿＿＿＿＿。
 (b′) 隣の家の猫<u>が</u>かわいいから、＿＿＿＿＿＿＿＿＿＿＿＿＿＿＿。

選択肢：
 ①いつもみんなの人気者だ
 ②ちやほやされて自分が一番えらいと思っている
 ③わざわざみんなが見に来るそうだ
 ④うちの猫も気になってしかたがない
 ⑤わたしも猫を飼おうかな

反対向きの「は」と「が」

　1は「文の全体から感じられるニュアンス」を聞いているが、これに対するきちんとした答えは後の方で出ることになろう。ここでは、全体にかかわる何らかの印象という意味で考えることにする。

　まず大事な確認としては、「は」と「が」が違うだけのこの 2 つの文について、ほぼ同じ意味であり特にニュアンスの違いはない、と感じた人はそう多くないだろうということがある。どちらも「隣の家の猫」と「かわいい」という 2 つの要素のみから成っている以上、両者は似ている。しかし、ならばそれで終わりかというと、何かニュアンスの相違が残るのではないか？との感覚である。

　「は」でつながれた(a)から見ると、これは「隣の家の猫」がいて、それについて「かわいい」ということを言っている。言いたいことの重点のようなものを考えるなら、「かわいい」に重点があると感じられなかっただろうか。さらには、もっと後ろに文があって、言いたいことが続いていくような流れを感じた人もいるかもしれない（大変鋭い！）。では「が」の(b)はどうか。ここでも重点という言い方をするなら、こちらは「隣の家の猫」にすでに重点が置かれている感じがある。「かわいい」にもそれなりに重さはあるが、「隣の家の猫」の方が重たい感じがする。詳しくはこれから考えていくが、もしこの印象が正しければ、「は」と「が」の働きには実は大きな違いがあり、それは、

　　Xはや　ではY（後）に重点があり
　　Xがや　ではX（前）に重点がある

と整理されるようなことになろう。前と後ろでは、ある意味で反対であり、だとしたらこれは大きなことではないだろうか？

　次に2を考える。こんどは、(a)と(b)の文を部分として含むような形で、より大きな文を作ることが求められている。

　(a') 隣の家の猫<u>は</u>かわいいから、＿＿＿＿＿＿＿＿＿＿＿＿＿＿。
　(b') 隣の家の猫<u>が</u>かわいいから、＿＿＿＿＿＿＿＿＿＿＿＿＿＿。

いきなり聞かれても頭が混乱しそうだから、選択肢から選んでもらうことにした。それを入れて文全体が自然に成り立つと思うものはいくつ選んでもかまわない。私自身の語感ではそれぞれ次のものが自然である。

A.
　(a') 隣の家の猫<u>は</u>かわいいから、＿＿＿＿＿＿＿＿＿＿＿＿＿。
　　①いつもみんなの人気者だ。
　　②ちやほやされて自分が一番えらいと思っている。
　　③わざわざみんなが見に来るそうだ。
　　④うちの猫も気になってしかたがない。

　(b') 隣の家の猫<u>が</u>かわいいから、＿＿＿＿＿＿＿＿＿＿＿＿＿。
　　③わざわざみんなが見に来るそうだ。
　　④うちの猫も気になってしかたがない。
　　⑤わたしも猫を飼おうかな。

　要は、(a')では⑤のみ不自然で、(b')では①②が不自然、という判断となった。(a')について、①〜③はあまり迷わなかったと思うが、④は迷った人もいるだろう。一瞬迷うけれども、「うちの猫」が「隣の家の

猫のことが気になって…」という状況だとわかって、ならばマルと判断するような感覚だろうかと思う。(b')では、①②もどうか？と迷った人が少なくないかもしれない。「話すより書く場合を意識して」と注文を付けたのはこの点を考慮してのことだが、話し言葉ではなるべく相手の注意を引きつけたいとの心理が働くため、「が」で語り出すことが増えやすくなる。書く場合であれば、①②は避けるというのが私の語感である[1]。

　(a')では⑤が不自然で、(b')では①②の自然さが落ちる、ということをどう説明したらいいだろうか？　まず①〜④をもう一度見てほしい。④が少々迷うとしても「隣の家の猫」のことが気になるという解釈ができれば落ち着くだろう。③も、省略されているが「隣の家の猫」を人が見に来るのだし、①②は明らかなように、「隣の家の猫」が人気者だったり自分が一番えらいと思っているという話である。つまり、①〜④の内容はすべて、「隣の家の猫」についてのものだということがわかる。これに対し、⑤はどうかというと、「わたしも猫を」というときの「猫」は「隣の家の猫」ではない別の猫である。つまり、⑤だけは「隣の家の猫」についての話ではない。

　次に、①②と③〜⑤の間に何か違いがあるか考えてみよう。実はこれは上の確認の裏返しになるのだが、①②は、言葉を補うとすれば「隣の家の猫」がそうだということだったのに対し、③〜⑤は、「わざわざみんなが」だったり「うちの猫も（が）」「わたしも（が）」だったりすることがわかる。つまり、③〜⑤はどれも、「隣の家の猫」以外の別の主体についての内容と見ることができる。

　このことを次のようにまとめることができる。

1）言葉の区切り方も影響する。「隣の家の猫が、」で大きく切れるようだと、①②の許容度は上がるだろう。

「XはY、だからZ」　→　Zは引き続きXについての話
「XがY、だからZ」　→　ZはXとは違うことについての話

「は」については、たとえば (a') の後半部に、①②③④すべてを（終わりだけ「で」や「て」の形に変えて）順々につないで、「隣の家の猫はかわいいから、いつもみんなの人気者で、ちやほやされて自分が一番えらいと思っていて、わざわざみんなが見に来るそうで、うちの猫も気になってしかたがない。」のような、「隣の家の猫」について述べた長い一文が作れることからもわかる。

　一方、「が」の方は、日々の使い方をあらためて振り返ってみると、次のような言い方を私たちは頻繁にしている。「出始めの時期はまだ値段が高いから、バーゲンを待とう。」「朝は渋滞がひどいから、電車で行こう。」これらのパターンは共通していて、[XがY] というまとまりが、それとは別のZということの理由になっている。このように、後ろに続く部分Zの内容に着目すると、「は」の場合は最初のXを引き継いでいるのに対し、「が」の場合はXと異なる内容が基本ということになる。この点でも「は」と「が」は働きが反対だと言える。

「は」の風呂敷づつみ

　以上、「は」と「が」の働きについて2つの点を見てきた。これからそれを確かめていくが、いま見た2に関する点を最初に考えたい。

　さきの (b') と同じような次の文を見てほしい（混乱しないように、「は」はa、「が」はbの記号を付ける）。

(1) b. 電車が遅れたので、遅刻しました。

この文は問題なく成立する。文の後半「遅刻しました」が「電車」のことではなく、文脈から補われたたとえば「私」のことである点、また、文の前半「電車が遅れた」ことが後半部の理由になっている点も、上で見たとおりである。では、この「が」を「は」に変えたらどうだろう？

(1) a.　×電車は遅れたので、遅刻しました。

文として成り立たなくなってしまう（×印を付けた）。このことの原因は何だろう？　おそらく多くの人が、「遅刻」したのが「私」ではなく「電車」であるかのような係り具合になってしまうから、と考えたのではないだろうか。

　ここに１つのポイントがある。このａとｂを比べてわかることは、**「が」は働きの"息が短い"**のに対して、**「は」は働きの"息が長い"**ことである。つまり、(1)ｂでは「が」の働きが「遅れた」までで終わる（終わってくれる）ために、さらに後ろの「遅刻しました」には及ばない。そのため、文脈から「遅刻」した人（たとえば「私」）が補われて自然な解釈に至る。これに対して、(1)ａがおかしくなってしまうのは、「は」の働きが「遅れた」で終わらない（終わってくれない）ために、後ろの「遅刻」にまで係ってしまうからであると説明することができる。

　この点は、「は」を理解する上でも「が」を理解する上でも重要である。なかでも、**「は」の息の長さは特筆すべき**ものなので、少し詳しく見てみよう。「は」の働きは、物を作るときの説明書きに典型的に表れる。料理の作り方を例に、「たけのこごはん」を作るための「たけのこのゆで方」を掲げることにする。

(2) たけのこのゆで方　　（「は」の語り）

　たけのこは水でよく洗い、穂先を３cmほど斜めに切り落として縦に１本切れ目を入れ、大きめの鍋に入れてかぶるぐらいの水を注ぎ、米ぬかを加えて強火にかけ、煮立ったら火を弱め、落としぶたをして、竹串がスーッと通るくらいまで40分〜１時間ほどゆでます。火を止めて、ゆで汁ごと室温で冷まし、ぬかを洗い流して、切れ目から皮をむいて使います。残ったたけのこは水をはった大きめのボールに入れ、冷蔵庫で保存します。

　　　　　　　（いくつかの説明書きを合わせて、筆者が再構成した。）

　この文章では、冒頭に「たけのこは」という形で「は」が出てくる。ではこの「は」は、どこまで係っていくだろうか？　可能性としては次の４つが候補だろう。

・直後の「水でよく洗い」まで
・第１文（ずいぶん長い）の末尾「40分〜１時間ほどゆでます」まで
・さらに続き第２文の末尾「使います」まで
・最後の「保存します」まで

直後に係るのは当然としても、その後ろの「穂先を…」「縦に１本切れ目を…」「大きめの鍋に…」などもすべて「たけのこ」の話である。ならば第１文の最後「ゆでます」までは及びそうである。文の終わりを示す「。」があるので、ここで切れると考えた人も多いだろう——文の終わりが働きの終わりというのはわかりやすそうな気がする。しかし、さらに後ろを見てほしい。「火を止めて…」「ゆで汁ごと室温で冷まし…」という具合に、相変わらず「たけのこ」についての話が続く。それは第

２文末の「皮をむいて使います」まで変わらない。このようにして、どこまででも続いていくのだろうか？と思って第３文を見ると、この文が「残ったたけのこは」で始まることがわかる。使い残しも「たけのこ」には違いないのだが、目当ての「たけのこごはん」を食べた後ということで、あらためて「は」が置かれているように見える。

　実は、「は」には、どこまでも係っていく息の長さがある——極端な話、さえぎるものがなければ無限である。では**何によって働きが止まるかというと、別の「は」が現れて働きを取られた場合**である。つまり、第３文で「残ったたけのこは」と事後の話になる手前で、冒頭の「たけのこは」の作用は区切られる。答えは、「第２文末」となる。

　では、このように"息の長い"「は」は何を表しているのだろうか？上の説明は、「たけのこごはん」を作るのに欠かせない「たけのこ」について、それが料理に使えるようにするのに必要な手順を述べた文章である。つまり、ここで「は」は、これから述べていく事柄が何についてのことなのかを示す働きをしている。専門的には、**文の「主題（トピック）」を提示する働き**という。そうすると、そのテーマについて、必要な手順が必要なだけ後ろで述べられるという格好になるわけで、たとえて言えば、これを**「たけのこ」という名札を付けた"風呂敷づつみ"**のようだと見ることもできる。風呂敷というのはなかなかうまい比喩で[2]、包む物の量次第で自在に伸び縮みする点が「は」の働きをよく表している。

「が」のひも結び

　「は」が風呂敷だとすると、**「が」は前後の語を"ひもで結びつける"ような働き**だと見ることができる。先の (1)b を思い出してほしい。「が」は前後の「電車」と「遅れた」をきちんと結びつけるが、それで仕事を終えてしまうため、さらに後ろの「遅刻…」には係らない。後ろ

2）「は」を風呂敷づつみにたとえたのは、有名な国語学者だった時枝誠記である。

まで係る力がないから、「遅刻」の方は隠れた主語を補うようにして解釈されることになる。"息の短い"「が」とはそういうことである。「が」と同じように息の短い語に「の／に／を」といったものがある[3]。

　「が」のこうした働きを見るには、先ほどの「たけのこ」の文章を「は」を使わずに書き直してみるといい。「は」を使わなければ、名札の付いた風呂敷もないから、いちいち1つずつ「たけのこ」との関係を明示してやらなければいけなくなる。その関係というのは実は様々な**文法的・論理的関係**なので、「が」だけでなく「の／に／を」なども現れる。

(2') たけのこのゆで方　　（「が／の／に／を」の語り）
　　たけのこを水でよく洗い、たけのこの穂先を3cmほど斜めに切り落として縦に1本切れ目を入れ、たけのこを大きめの鍋に入れてかぶるぐらいの水を注ぎ、たけのこに米ぬかを加えて強火にかけ、たけのこが煮立ったら火を弱め、たけのこに落としぶたをして、たけのこに竹串がスーッと通るくらいまで40分〜1時間ほどゆでます。火を止めて、たけのこをゆで汁ごと室温で冷まし、たけのこのぬかを洗い流して、たけのこの切れ目から皮をむいて使います。残ったたけのこを水をはった大きめのボールに入れ、冷蔵庫で保存します。

　もっと細かく「たけのこ」を加えることもできるが、これくらいにしておこう。これでも「たけのこ」だらけでいかにも目にうるさい。できることといえば「たけのこ」を「それ」に置き換えるぐらいだが――「それの穂先」「それを大きめの鍋に」「それに米ぬかを」「それが煮立ったら」等々――、こんどは置き換えた「それ」がうるさい。この

3）「が／の／に／を」等は「格助詞」と呼ばれ、前後の文法的・論理的な関係を明示する働きをする。一方、「は」は格助詞ではない。

　(2') のように、そのつど「たけのこ」や「それ」が出てくる文章を見ていて、英語のようだと感じる人はいなかっただろうか？　もしそう感じたなら正解である。**英語は基本的に「は」のような語り方をしない**——できなくはないが、わざわざそうしている感じとなる。逆に、日本人が英語を書こうとするとき、「代名詞の it や they を忘れるな！」と注意されることになる。「は」の語りには出てこないからである。

　実際、試しに「たけのこのゆで方」の英語版を眺めてみよう。(2) の翻訳はないので、「NHK WORLD」というウェブサイトから、たけのこのゆで方を英語で説明している箇所を借用する（長いので手順 1 を省略）。(2) と大体同じ手順なので想像してほしい。「たけのこ」に当たる 'bamboo shoot' とそれを受けた代名詞 'they, them' 等に下線を付す。

(3)　How to cook and store bamboo shoot

　2．Put the bamboo shoot in a pot with plenty of water, and add 200ml of rice bran. Add two to three seedless hot chilies, and turn on the heat.

　3．When the liquid comes to a boil, put a drop lid directly over the pieces of bamboo shoot, and cook them till they soften.
Poke them with a bamboo skewer to know when they're done.
Let them cool with the cooking water, and later rinse them under running water.

　4．Put the bamboo shoots with plenty of water in an airtight container, and store them in the refrigerator. If you change the water every day, they'll keep for 4 to 5 days.[4]

下線を引いた部分が11箇所あるが、先の (2') でも11箇所だった。大体

4）http://www3.nhk.or.jp/nhkworld/en/tv/kitchen/archives201060.html
　［2020年10月時点でのサイトページから］サイトは予告なしに変更・閉鎖する場合がある。

同じような具合になるということがわかる。

　それはいいが、ならば（2）や（3）のような語り方は“日本語的”とは言えないのではないか？と思う人もいるだろう。実は少し別の事情がある。**料理のレシピや何か物を作る手順の説明では、下ごしらえの間は「は」が典型的に用いられる。**使う材料や部品のそれぞれについて、するべきことを説明する形になるからである——だから「は」を使わない（2）は収まりが悪い。ところが、いざ料理して、**たとえば完成のタイミングを教えるような文脈になると、とたんに「が／の／に／を」の世界になる。**たとえば、「肉の色<u>が</u>薄いピンクになったら引き上げます」「汁の表面<u>が</u>軽く泡立つぐらいで火を止めます」「全体<u>に</u>粉糖を振って出来上がりです」等々であり、工作のような場合でも、「塗装<u>が</u>乾いたら完成です」「3つの部分<u>を</u>組み合わせて出来上がりです」といった具合になる。

　要は、個々の具体的な関係を疎かにできない文脈では、「は」ではなく「が／の／に／を」が使われる。他方、**「は」はそうした文法的関係にとらわれることなく、全体に共通の話題である語を「主題（トピック）」として“とりたてる”働きをする**[5]。このあたりは最後にまとめる。

重点のありか

　その前に、最初の問いから見えたもう1つの点について検討しよう。それは、情報の重点のありかに関して、

　　X<u>は</u>Y　ではY（後）に重点があり
　　X<u>が</u>Y　ではX（前）に重点がある

と言えるのではないか？ということだった。

5）それで、最近の日本語学では「は」を「とりたて助詞」と呼ぶ。

　「は」に関しては"風呂敷"の話で理解できるのではないだろうか。「たけのこは」で始まる語りというのは、「たけのこ」が問題になることはすでに了解されているような文脈において、"**それがどうなのか？**"を後ろで述べていく語り方である。そうであれば当然、**情報の重点は後ろにある**ことになる。

　では「が」はどうだろうか。「が」の用いられる典型的な文例を少し挙げておこう。まず、きわめて普通の文だが、

　(4) 雨が降ってきた。

の「が」を「は」にすることは通常の文脈ではできない。しかし、後半部の「降ってきた」をたとえば「すぐ止むよ」に変えると、

　(4') 雨はすぐ止むよ。

となって、こんどは「は」でないと意味が通らなくなる。ここから何がわかるかというと、(4) では「雨」という情報自体に価値があり——たとえばそこで初めて話題にするなど——、したがって重点もそこにある。端的に言えば、(4) の代わりに、「あ、雨！」とだけ言っても十分伝わるぐらいのものである。一方、(4') では、雨が「止む」ためにはすでに降っていなければならない。つまり、「雨」そのものにはすでに情報価値はなく、降っている雨「について」、それがどうなのか？を問題にすることになる。それは「は」の働きである。

　このように、**「が」を用いる場合、情報の重点は前にある**。前にあって、それをその場で示してみせるような臨場感がある。たとえば、推理小説の一場面でもテレビのバラエティ番組でも、

（5）「これが問題の壺です！」

と言いながら、ある壺を示してみせるといった場面を思い描くことは容易だろう。何か「問題の壺」があるということはすでに共有されていて、それが"どの"壺なのかが焦点となっている文脈で、それが「これ」なのだと示している[6]。

　重点が前にあるか後ろにあるかということに意識的になると、**同じ事柄を、「は」の"風呂敷づつみ"文体で語るか「が」の"ひも結び"文体で語るかという選択**をすることもできる。上の（5）は「は」を用いて次の（5'）のように言うこともできる。

（5'）問題の壺はこれです。この壺は…

こう見てくると、「が」は**臨場感に優れ**、「は」は**概観向き**である、と言ってもよさそうである。カメラの比喩でいえば、「が」は**アップで対象に寄ってとらえ**、「は」は**ロングで全体を収める**ような構え、となろうか。

　以上の全体を踏まえて、「は」と「が」の**対照的な特徴**を次のように整理することができる。決して、似たもの同士ではないことが了解できるのではないだろうか？

表7-1　「は」と「が」の働き

	表すもの	"息の長さ"	情報の"重点"
「は」	主題（トピック）	長い（"風呂敷"）	は＋重点
「が」	文法的関係	短い（"ひも"）	重点＋が

6）（4）と（5）を比べるとわかるが、「が」の後ろに来る情報は、重点のある場合とない場合がある。（4）では重点があるが、（5）では重点がない。

2.「は」と「が」の実践

　理屈がわかったら、理解を試してみよう。下は、文章の一節から助詞のところを何箇所か"虫食い"にしたものである。

Q. ....

　1．次の文章の空所に、「は」や「が」など、適当と思う助詞を入れてみよう[7]。

言うまでもなく現代小説（1）現在進行形です。どんどん新しい作品（2）書かれ、どんどん新しい文章の仕掛け（3）試みられたり、生み出されたりしている。小説の読者となるために（4）、そういう日々更新されるルールと付き合うこと（5）要求されるでしょう。絶えざる"小説的思考"（6）必要となる。なかなかたいへんなことです。

　2．空所（1）〜（6）に入れた助詞の働きとしてふさわしいものを
　　　下の語群から1つずつ選んでみよう。（同じものを2回選ぶこと可）
　　　a．重点がある情報の提示、b．主題（トピック）の提示、
　　　c．「目的」のとりたて
（阿部公彦『小説的思考のススメ「気になる部分」だらけの日本文学』東京大学出版会、2012年、pp. ix-x）

A. ....

1．非常に簡単だったのではないだろうか？　問題自体、難しいもので

7）ただし、「も」は文脈次第ですべてに入り得るのでここでは除外する。

はないが、もしこれを上の説明なしに見せられたら、手がかりのなさに
いらいらすることだろう。

　まずざっと目を通せば、「現代小説」のことが書かれている。ならば
（1）は全体に対する主題（トピック）ということで、文句なしに
「は」となる。そうすると以下の部分は、それについて“どうなのか？”
という個々の情報を述べるのだろう。それが（2）であり（3）であ
る。そこでは、言及されている「新しい作品」や「新しい文章の仕掛
け」という言葉自体が情報価値をもっており、そこに重点がある。よっ
て、入るのは「が」である。

　では（4）はどうだろう？　「〜ために」とあるので何か目的を表し
ている。それで一応完結しているとも言えるのだが、冒頭の主題は「現
代小説」であり，ここにあるのは「小説の読者」であり、これはつな
がっていると考えられ、さらに後ろを見てみると、「ルールと付き合う
こと」や「小説的思考」という言葉が出てくる。これは、「小説の読者
となるため」という目的について、それが“どうなのか？”を述べるよう
な展開ではないだろうか？　そう考えたとき、その目的自体が以下の部
分の主題として提示されているという解釈が浮かぶ。その場合どうすれ
ばいいかと言えば、「小説の読者となるために」に「は」を付けて“主
題化”してしまえばいい。というわけで、（4）に「は」を入れると、大
きい主題を受けたもう1つの（小さい）主題のような形で展開すること
ができる。

　（5）（6）はそれについての具体的な内容なので「が／の／に／を」
タイプのものが入る。（5）は「要求される」、（6）は「必要となる」
で、意味は似ているが、入り得る語としては、（5）は「〜が／を要求
される」どちらも可能なのでいずれも正解、（6）は「〜が必要となる」
なので「が」となる。全体の構造を図に示しておく。「は」の大きな風

図7-1　"ひも結び"を入れた2つの"風呂敷づつみ"

呂敷の中に「が」のひも結びが2つ入っていて、さらに、少し小さくしたような風呂敷がもう1つ入っており、その中には「が」（や「を」）のひも結びが2つ入っている、ということになる。

2．次に、いま選んだ語がそれぞれどんな機能を果たしているかについて考えよう。（1）は易しいだろう。助詞「は」の最も「は」らしい使い方と言ってよく、これから述べることの「主題（トピック）」を冒頭で示す働きをしている。よって、「b. 主題（トピック）の提示」を選ぶ。その主題が"どうなのか"を述べていくのが（2）や（3）で、そこでは、「新しい作品」や「新しい文章の仕掛け」などが情報価値のあるものとして示されている。これは「が」の典型的な使い方といえ、どちらも「a. 重点がある情報の提示」の例である。（4）では、上の解説を思い出そう。「小説の読者となるため」の部分はある「目的」を表す言葉であり、それが"どうなのか"を後ろで述べている。これは当の要素を"とりたてる"働きと言えるので、「c.「目的」のとりたて」が選べる。

（5）と（6）は、「が」をベースに考えれば（原文は「が」）、それぞれに情報価値のある内容が導かれているので、「a. 重点がある情報の提示」を選ぼう。

「…は…が」文

「は」と「が」は語り方の2つの構えであり、たとえていえば、ロン

グで全体を収める「は」とアップで対象を切り取る「が」のようなもの
だと述べた。もう1つ押さえておくならば、この2つの構えは、1つの
文章の中で役割分担をしながら併用されるということである。さらに言
えば、1つの文の中で併用されることも多い[8]。多いというより、「…
は…が」と併用した形が、**日本語で何かを語るときの型の1つであると
言える**ほど頻繁に使われる。

　(6)「…は…が」文
　　ロンドンオリンピックでの日本のメダル獲得数<u>は</u>、金<u>が</u>7個、銀<u>が</u>
　　14個、銅<u>が</u>17個の、計38個でした。

「メダル獲得数」という"風呂敷"の中に、3色のメダルと数の"ひも結
び"が3つ入っているという具合である。また、やや特殊扱いされたり
することがあるが、

　(7) 焼酎<u>は</u>芋<u>が</u>好きだ。

のような文も、「焼酎」という主題について「芋（焼酎)」という具体を
挙げているだけと考えればすむ。
　最後に1つ、有名な作家は伊達に有名なわけではないと思わせてくれ
る例を紹介したい。名前を挙げるのも憚られるが、夏目漱石の有名な
「草枕」冒頭近くの一節である。

　(8)
　　智<u>に</u>働けば角が立つ。情<u>に</u>棹させば流される。意地<u>を</u>通せば窮屈
　　だ。とかくに人の世<u>は</u>住みにくい。　（夏目漱石「草枕」1906年

8）末尾に「。」が打たれるまでの1つのまとまりを「**文**」といい、文が集まって
あるまとまった内容を表すものを「**文章**」という。前者のことも「文章」と呼んで
いるケースがあるが、本書では「文」と「文章」は区別している。

［「夏目漱石全集 3」ちくま文庫、1987年、より］)

前半は「が／の／に／を」系である。「に」だったり「を」だったりするが、前後の語の慣用的結びつきもあるので、その中のどれであるかはあまり重要でない。とにかく初めは、「智」と「情」と「意（地）」にそれぞれ焦点を当てて、そのどれが勝ってもうまくは行かないことを、個々具体的に語る。そしてその後に、「とかくに人の世は」という形で、実は「人の世」の話なのだという語りが始まる。アップで 3 つのショットを映しておいてから、「人の世」の遠景が映るというような、語り方の切り替えがここにはある。

　初めの 3 つの文も「人の世」のことを言っているので、それを考えれば「とかくに人の世は住みにくい」を頭に持ってくることも可能である。これまでに見てきた「…は…が」のスタイルとなる。漱石はそこであえて、読者に何だ？と思わせておいて、実は「人の世」が主題なのだと種明かしをするスタイルを採ったと言える。

　それを可能にしているのは、**語りの 2 つの構えの自在な操作**である。ぜひ、「は」の語りと「が」の語りを切り替えながら、**言葉の遠近に敏感になってほしい**。以上、本章では、「日本語との付き合い方」の一例として、「は」と「が」の語りについての言語学的側面を見てきた。初めて接する話が多かったかもしれないが、日本語の使い手になりたいと思うなら、かなり役に立つと思う。では次章からはまた、「書くスキル」や「考えるスキル」の話に戻ろう。

8 │ 書くスキル①：説明文を書く

《**目標＆ポイント**》　目的によって文章がどのように変わるかを、説明する・報告する場合を例にとりながら具体的に検討する。関連して、事実と意見の違いについての理解を深め、実践の中で理解する。
《**キーワード**》　客観的な文章、説明文、報告文、事実と意見

1. 感想文・意見文と報告文・説明文

　文章とは"まとまり"であり、かつ"つながり"であることを学んできた。この章では、文章の内容面、つまり"何を書くか"に焦点を当て、とりわけ**大学で課題やレポートを書く場合に、知っておきたいことや心がけたいことを考えていく**。小説のような創作や、詩や歌のような韻文は本書では触れず、説明的な論述文に絞る。

　いわゆる学術的な文章は基本的に説明的な文章である。第1章で述べたように、**文章には目的に応じた様々な種類があって、期待される内容が実はずいぶん異なる**。そのあたりを解きほぐすことから始めよう。小中高と学校で書かされたり、大人になって職場で必要とされる文章には、「感想文」「意見文」「報告文」「説明文」といった種類がある。名称を覚える必要はないが、それぞれで"何を書く"ことが求められているかの違いについては理解してほしい。

　感想文というのは、本を読んだりある場所を訪ねたりして、その**体験（インプット）によってどんなことを感じたり考えさせられたりした**

か？を文章（アウトプット）として書く、というものである。**意見文で
は、たとえば何か与えられたテーマについて、自分の考えを意見として
書く。**たとえば、「環境問題」や「異文化理解」や「グローバル化」に
ついて、どのような現象に注目し、どのような方向性が必要と考える
か、そのためには何をしなければならないか、といったことを書くこと
が期待される。この2つの種類は、多くの人になじみ深いことだろう。
読書感想文は学校の宿題の定番だし、高校などで小論文として上のよう
なテーマの課題が出ることも多い。

　本章でこれから述べていくことと対比したとき、これらの種類に共通
する特徴がある。それは、これらの文章で求められることが、

　　　　"あなたの主観的な考えを書け（ただし説得力のあるように）"

ということだという点である。意見文のテーマは公共性をもったもので
あることが多いが、**文章として求められているのは、（多くの）人に共
感してもらえるような意見を書くことである。**ちなみに、第6章の最後
に書いてもらった「公共の場での喫煙を禁止するという考えについてど
う思うか？」は典型的な意見文である。**根拠を挙げるのだから客観的な
のではないか？**と思う人もいるだろうが、**挙げている根拠は実は自分の
主張（立場）に沿ったもの**であり、異なる立場の根拠と比較検討して論
を立てるといったことはなされていない。

　会社などで働くと、何かにつけて「報告書」を出す機会があるだろう。
では**報告文**には何が求められるだろうか？　「5W1H」という言葉と
最も関係が深いのはこの報告文で、いつ（When）、どこで（Where）、
だれが（Who）、なにを（What）、なぜ（Why）、どのように（How）し
たか？という**出来事の基本的事実**が不可欠の要素とされる。元は英語で

新聞記事を書く際の必須項目とされたものだが、いまやビジネス場面や危機管理における基本情報として広まっている。報告文に書き手の感想や意見などを盛り込むことは、比較的歓迎されているように思うが、内容や状況によっては、主観を排した客観的情報だけが求められる場合もある。客観的という点では**説明文**も同じで、何らかの事実について、現象について、物品について、問題について、**何がどうなっているのかを客観的に述べ、それを読んだ人が内容をよく理解でき、願わくば皆同じように理解できることを目的とする**。というわけで、これらの文章で求められることは、

　　　"**ある事柄について他人にわかるように客観的な言葉を書け**"

ということである。

　主観／客観という観点でいうと、感想文・意見文と報告文・説明文では、**求められることが反対を向いている**ということがわかる。前者では"**あなたの（良い）考え**"というところに重点があるのに対して、後者では、むしろ"**主観を交えずに**"という点が重視されることも多い。特に、**意見文と説明文は、似ているようで性質の相違が意外に大きい。**大学で提出を求められる文章は、基本的に**客観的な説明文**である。レポート課題などで、感想なども加えるようにとの指示が付くこともあるが、そうでないときは、客観的なことだけを書くことが期待されているのだと考えよう。さらに、**学術論文**などになると、**客観性は論文が満たすべき必須の条件**となる。仮に、論文の結論がある現実的な取り組みを要請するような内容であったとしても、それを導くまでの論の中には書き手の主観は盛り込まず、**あくまで事実と根拠を重ねることを通して、いわば"必然"としてこの結論に至るのだというふうに書かれるのが論文であ**

る。言い方を変えれば、**意見を異にする人が読んでも同じ結論に達する
はずだ**、という流れを書くのが論文だと言うことができる。

　『日本語リテラシー』では論文のレベルまでは到達しないが、方向と
してはそちらを目指しながら、**"客観的な文章を書く"ために何が必要
か？** ということを以下で見ていく。読者の中には、文章といえば感想文
や意見文のことというイメージを持った人もいることだろう。しかしこ
こは、それとは異なった文章の書き方を理解するつもりで、ともに考え
ていただきたい。

　以下、この章では説明文に焦点を当てて、客観的なことだけで文章を
書くとはどういうことかを考える。説明文を書いたり、書かれた説明文
を検討することを通して、実践的に学んでほしい。では問いである。

Q.
　　各自の生まれた町について、2 ～ 3 つのパラグラフからなる文章で説
　　明してみよう。

　問いの形式に注意してほしい。字数の指定ではなく、「2 ～ 3 つのパ
ラグラフからなる」という指定である。第 4 章の「パラグラフ・リー
ディング」を思い出してほしい。こんどは "書く" ことが求められている
が、パラグラフの構成や特徴は同じである。**1 つのパラグラフはトピッ
クも 1 つ**ということを覚えていただろうか？　2 ～ 3 つのパラグラフで
書くということはトピックも 2 ～ 3 つである。つまり、問いの指示文を
言い換えると、自分が生まれた町について 2 つか 3 つの観点から説明を
試みてほしい、ということになる。

　筆者が生まれたのは岩手県盛岡市だから出生地は盛岡でいいのだが、

小学校から高校までの間育ったのは宮城県仙台市なので、故郷という意識は仙台の方が強い。私事を連ねて恐縮だが、そのようなわけで、盛岡市と仙台市の説明を比べてみたいと考えた。自分自身による解答例は後で書くことにして、ここではインターネット上で公開・共有されている百科事典『ウィキペディア』による説明を引用してみたい。

　細かな書き方に関しても触れておく。まず、説明文では原則として、文末を普通体と呼ばれる「…する」「…である」という形で結ぶ。客観的ということの意味の1つに、"相手が誰であっても変わらない"ということがあるため、あえて相手に対する敬語である「です・ます」を省く習慣がある。また、パラグラフが2つ以上になると全体も文章らしさを増してくるので、**各パラグラフの冒頭を1字下げで書くことにしよう。**

A.

　盛岡市は、岩手県の中部に位置する同県の県庁所在地である。中核市に指定されている。

　平安時代、桓武天皇の命により志波城が置かれ、律令制下となる。安土桃山時代に勢力を広げた南部氏が盛岡城を築いて以後、城下町として発達。明治以後は岩手県の県庁所在地となる。人口は減少傾向にあり、人口密度339人、47都道府県庁所在地の44位である。

　岩手県の内陸部、北上盆地のほぼ中央部に位置し、市内中心部で主流北上川に雫石川、中津川が合流する。中心市街地からは奥羽山脈に属する岩手山（北西）、駒ケ岳（西）北上高地に属する早池峰山（東）のほか、独立峰の姫神山（北）、南昌山・東根山（南）などを望み、これらは市域の内外にありながら総じて街のランドマークとなっている。市域は東京23区の約1.4倍の面積に相当する。広い市域の至るところが自然環境に恵まれ、良好な緑の田舎や高原、農村や田園地帯の

景観を形成する。

　国土地理院の全国都道府県市区町村別面積調によると、盛岡市の面積は886.47平方キロメートルである。（439文字）
（http://ja.wikipedia.org/wiki/ 盛岡市：2015年1月27日最終閲覧、2020年2月の改訂稿脱稿時には書き方が変わっていた。）

　仙台市は、宮城県中部に位置する、同県の県庁所在地かつ政令指定都市である。また東北地方最大の都市でもある。

　仙台市都心部周囲には広瀬川や青葉山などの自然があり、また都心部にも街路樹などの緑が多いことから、「杜の都」との別名をもつ。市は「学都仙台」「楽都仙台」などのキャッチコピーも用いている。東北を代表する港湾およびサーフスポットである仙台港が北東部に、宮城県内の純観光地の中で宿泊客数第1位を誇る秋保温泉が南西部に、宮城県内で利用者数1位を誇るスプリングバレー泉高原スキー場が北西部にある。中国では、魯迅が留学した都市として知られる。

　現在の仙台市の推計人口は、東北地方の中で最も多い約107万人で、宮城県民の46.1％が居住する。また、仙台都市圏（広域行政圏）の推計人口は約152万人で、宮城県民の65.2%が居住する。県内総生産でも50.8％を仙台市が占めており（2009年度）、「仙台一極集中」と言われることがある。このような集積度と東北における拠点性により、物販面では隣県に及ぶ仙台経済圏を形成している。（454文字）
（http://ja.wikipedia.org/wiki/ 仙台市：2015年1月27日最終閲覧
こちらも改訂時には加筆されていたが、基本の書き方は変わっていなかった。）

どちらも、記事全体はもっと長く、上に引用したのは一部にすぎない

が、どちらも記事の冒頭から大体同じくらいの文字数で抜き出しているので、読者として読む場合の感覚も大体同じと言っていいだろう。では、読んだ印象も大体同じだったと言えるだろうか？　おそらく違っただろう。それもかなり違ったのではないだろうか？　この事典は誰でも編集に参加していいことになっているので、どのような経緯で書かれたかは定かでない[1]。

　しかし、結果だけでいえば、盛岡市には申し訳ないが、この説明はあまり的を射ていない憾みが残る。第1文に関しては、定番の書き方である百科事典的なスタイルで、最も要約的にトピックを規定する文となっている。県と県内での位置と地位（県庁所在地）であることが述べられ、必須の情報と言える。これをパラグラフとして見るならば、「中心文」のみから成っていることになる。続く第2パラグラフ以降の構成は、内容から見て、"盛岡市の歴史（ないし沿革）"、"盛岡市の地理"、"盛岡市の広さ"――これも地理だが――であり、これらはすべて客観的に正しい情報である。しかし、これを読んで感じるのは、盛岡市のことがわかる気があまりしないということである。特に、冒頭近くで古い歴史の話をされても、現在のその都市の姿は見えてこない。説明文は客観的な事柄だけで書かれるものならば、これでいいはずではないか？と思われるかもしれないが、そうではない。**客観的なことを書くということと、それが説明としてわかるということは、別のことなのである。**

　こんどは仙台市の説明を読んでみる。第1文は同じく中心文のみのパラグラフである。ところが、第2文が先ほどとはまったく違う内容になっている。市の自然環境に軽く触れ、「杜の都」との別名を紹介し、さらには市が用いているキャッチコピーまで挙げている。産業とレジャーの観点で、港や温泉地、スキー場が紹介される。さらには、仙台に留学していた中国の文人魯迅との関わりまでが述べられる。ほとんど

1）とはいえ、行政の広報担当などにとっては、インターネット上での情報管理はいまや疎かにできない仕事である。

仙台市をＰＲするような内容と言ったほうがいいかもしれないし、ただ
の紹介の文章でここまで宣伝風にしなくても、との受け取り方はあるだ
ろう。しかし、キャッチコピーを「市」が「用いている」ものとして紹
介し、あるいは、「宿泊客数第１位」「利用者数第１位」といった具合
に、一応**客観的な情報としてそれらを書くことによって、ぎりぎり「説
明」の範囲に収まっている**[2]。市の担当者か愛好者が、宣伝の意図をも
ちながら説明のスタイルで書いた文章ではないかと思いたくなるが、パ
ラグラフとしてトピックに名前をつけるなら、"仙台市の特色"というこ
とになろうか。肩をもつわけではないが、読んでわかる説明としては、
明らかにこちらに分がある。

　次のパラグラフで、数字的な情報——"仙台市の基礎情報"——が述べ
られる。ここで人口や県内総生産といった基礎情報が示されるが、それ
だけにとどまらずに「仙台一極集中」や「隣県に及ぶ仙台経済圏」と
いった言葉で言い換えることによって、**ただの数字が"意味のわかる"数
字に変容する**。実は盛岡市の方にも、「広い市域の至るところが自然環
境に恵まれ、良好な緑の田舎や高原、農村や田園地帯の景観を形成す
る。」といったＰＲ的な文が含まれていたのだが、「至るところが…恵ま
れ」や「良好な」といった**書き手の価値判断がストレートに出た言葉に
よって、ともすると客観的な叙述とバランスの合わない印象**が生じかね
なかった。

2.　説明ということ

　このように、客観的であるということと、説明としてよく伝わるとい
うことは、同じではない。客観的という言葉からは、そこに表現された
ものが一通りに決まるような印象を受けるだろう。一方、**ある事柄を説
明するという場合、客観的な情報以外は用いないことにしたとしても、**

---

[2]　厳密には、そうした情報や「知られる」「言われる」のような第三者的情報
は、情報の出所（出典）を明記することで客観性の担保となる。学術論文などでは
必須となる。

出来上がった**説明文はまったく多様なものであり得る**。客観的な情報すべてを網羅することは原理的に不可能であり、それゆえ、その中の**何を選び出し、何と組み合わせ、どう配列するかなど、すべて書き手次第**だからである。説明にも上手い下手があり、また個性がある所以である。

　そのことをより具体的に感じてもらうべく、先ほど少し分の悪かった盛岡市を説明する文章を、自分なりに書いてみることにする（ただし百科事典の項目との意識はもたない）。上手い下手はともかく、対象のどういう面を見せたいかについての違いを感じてほしい。

　　盛岡市は、本州の北部、北東北にある岩手県の県庁所在地である。年間の平均気温が約10℃、同じく最高気温が約15℃、最低気温が約5℃（1961-1990年平均）と、寒冷[3]である。人口は約30万人で全国の都道府県庁所在地47市中35位、人口密度では同じく44位である（2015年4月1日現在）。しかし、東京からの距離は500キロほどで、距離で見ると大阪と同程度であり、新幹線を利用すれば2時間半ほどで移動できる。

　　盛岡市は内陸の北上盆地に位置している。市の北西に岩手山、東に早池峰山を望み、市内をほぼ南北に流れる北上川に東西からそれぞれ中津川と雫石川が合流するため、山と川がともに身近にある環境と言える。それらの印象は、盛岡ゆかりの石川啄木の歌や宮沢賢治の詩によっても、人々に届けられた。

　　盛岡の個性は独特の料理や祭りによっても担われている。食べ物では、小さな椀で何杯も食べる「わんこそば」が名物だが、近年では、「北緯38度線」とのつながり（盛岡は北緯39度）で発想された韓国・朝鮮料理風の「盛岡冷麺」や、さらに「盛岡じゃじゃ麺」が人気を博し、市内にはそれらを提供する店が専門店を含め50店舗ほどある[4]。

3）「寒冷」といった用語には基準があり、一応それに沿っている。

4）岩手県生めん協同組合ウェブページ（http://i-namamen.com/menmap.html）より。最終閲覧2015年1月30日

祭りには、あでやかな飾り付けの馬が行進する「チャグチャグ馬コ」や、大勢で鳴らす太鼓と笛に合わせて舞い踊る夏の風物詩「盛岡さんさ踊り」があり、後者では和太鼓同時演奏世界記録も達成された（2014年）。

パラグラフで書くという観点から、いくつかの点を確認しよう。第1パラグラフでは基礎情報を書いている。ただし、その際、何かについての記述や数字を孤立的に示すのではなく、**何かと比較するなどして相対的なイメージをもてるような配慮をしている**。気候は寒冷であり人も少ない県庁所在地だが、東京からの距離は大阪と同程度で実は比較的短時間で行くことができると言われると、多くの人が抱いているであろう遠い北東北の町という印象が少し変わるかもしれない。次のパラグラフでは、盛岡市という町の環境を、山と川という特徴によって表そうとしている。石川啄木や宮沢賢治の名を出しているが、事実彼らの作品にはこれらの山や川の名がしばしば登場し、それが盛岡市民にとっても馴染み深いものとなっている背景を重ねてみた。

第3パラグラフは、**特徴的な事例を列挙することで、読み手に各々その対象に対するイメージをもってもらうことを意図している**。事例としては、たとえばそこの出身者を挙げるといったことも可能で、もし第3パラグラフを次のように始めたならば、読後の印象はだいぶ変わることになろう。

この町の出身者としては、政治の世界では、原敬と米内光政という2人の総理大臣がおり、学問の世界では、"Bushido（武士道）"で知られる新渡戸稲造やアイヌ語学者の金田一京助などがいる。

読み手がこの後者から受ける印象はおそらく、明治からの近代国家への

歩みの中でこの町がどのような役割を果たしたか？といったことだろう。それとは異なり、食べ物と祭りというのは、観光地のイメージに欠かせないものと言える。政治家や学者の出身者ではなく食べ物と祭りを選んだということ自体が、その町の観光地としての魅力の一端を伝えようとしていることの表れとも受け取られよう。少しエキゾチックな料理、化粧した農耕馬の大行進、太鼓踊りパレードの夏祭り、という事例から、読み手は、少し非日常的な時空の旅を思い描くかもしれない。要は、**誰に読ませたいのか？**という点が、説明文においても肝心だということである。それによって、期待される内容はかなり影響を受けることになる。

　このように、**説明文において"わかる"ことと客観性の両立というのは、実は単純な話ではない**。"わかる"ということそれ自体は客観性とは別の概念だから、要素が客観的事実というだけでは十分でなく、"まとまり"と"つながり"への配慮が欠かせない。もし先のような文章を書きつつ客観性をさらに増したいと思うなら、祭りの話に寄せてたとえば「さんさ踊り」を売り出そうとしている客観的な事例を挙げる——たとえば、それまでの「東北三大祭り」や「東北四大祭り」に代わって「東北五大祭り」を使用するようになったなど——、あるいは、いま書いている記述が「観光都市としての盛岡」に関するものであることを明示的に述べる、といった必要がある。

説明の構成要素

　この辺で「説明」ということを整理しておこう。すでに何度か述べてきたように、まず基本的なこととして、**説明は客観的な事実によって構成される**。しかし、**客観的な事実というのが曲者で、その内実は一様でない**。いくつか代表的なケースを箇条書き風に挙げてみよう。以下、具

体的な実体のある事物を「モノ」、出来事などそれ自体はモノとしてとらえられない事物を「コト」と表し分けることにする。

①定義があるもの

　これまでの例では問題にならなかったが、モノについての説明をする場合と、コトでも何か概念の説明をする場合には、**定義との関わりが重要**となる。たとえば「自動車」を説明せよと言われたら、「動力を発生させる機関を内部に持ち、車輪で自走する乗り物」のように言いたくなるが、しかしその途端に、二輪のいわゆる「バイク」は自動車に含めていいのか——つまり車輪の数によって自動車かそうでないかが変わるのか——、動力の発生源はモーターでもよさそうだが、電力を外部から取り込む場合も自動車と呼べるか——実際の例としては、見かけはバスだが架線から電気を取り込む「トロリーバス」という乗り物がある——、といった難問が次々に湧いてくる[5]。定義には注意が必要である。

　言葉や定義ができ、それに合わせて"事実"が後から再解釈されるような場合もある。 たとえば、「セクハラ（セクシャルハラスメント）」という言葉がなかった頃にも、それに相当するような行為はいくらもあった。しかし、受け皿となる言葉がないと、気のせいだ、考えすぎだ、愛情表現だ、等々の言い方によって、そのコト自体が"ない"かのように扱われてきた。そこに「セクハラ」という言葉ができたことで、「相手に不快感を与えたり差別的な扱いをするような性的な言動」といった定義が可能となり、セクハラ行為を説明的に同定することが飛躍的に容易となった。**説明したいコトが何らかの概念である場合には、定義をどうするかが説明の第一歩となることが多い。**

②同定可能なもの

　同定可能というのは「その○△は□◇だ」のように言えるものという意味だが、これはモノとコトではかなり様子が異なる。まず、モノの場

5）こうした問題は結局のところ関係する法律がどう定めているかによってかなり規定される。

合、色や材質が何であるかといったことは同定しやすいだろう。たとえば、機体が軽くて丈夫な飛行機が作られたとして、「それは機体の約半分が新開発の炭素繊維で作られているからだ」といった説明をすることができる。モノの機能を問題にするような場合には、もう少し混み入ってくる。たとえば、大きな倉庫や工場で働く「フォークリフト」の機能を説明するとしたら、どう言えばいいだろう？ 「コンテナなどの荷物を移動する（ための荷役車）」には違いないが、それだけなら他にもある。フォークリフトの特徴はその前面に付いた"つめ"にあって、それを「フォーク」のように荷物の下やパレットと呼ばれる（あらかじめフォークを差し込めるスリットのある）荷物台に差し込んで、荷物を持ち上げて移動する、という点は落としたくない。さらには、荷物を吊り上げるのに比べて場所をとらず、小回りが利く特長をもっている、ということまで言えたらなおいいだろう。

　コトの世界になると、話はさらに複雑になる。**同定可能なものとは、報告文に必須の５Ｗ１Ｈであり、それは出来事の経緯や行為の目的**である。歴史上の事件の場合には、「事実」の同定はときとして学問的営為となる──「歴史学」の仕事の一部は「事実」の同定それ自体である。身近なところでいえば、事の経緯の説明というのが１つの典型だろう。説明というのは何も有名な出来事や立派な出来事に限るものでもないから、「今日私が試験に遅刻したわけ」を説明するのもれっきとした説明である。生活をしていると何かをしくじったり予定どおりに行かなかったりすることはよくあり、人はそのたびに、どうしてそうなってしまったかの経緯を誰かに説明する。総じて私たちは、失敗の経緯を説明することには慣れている（そして比較的上手とも言える）。

③計測可能なもの

　先に検討した町の説明がそうであったように、百科事典的な記述にお

いては必須の要素と言える。**モノであれば、大きさや重さ、位置情報など、数字で表せるものは基本的にこの類**である。コトの場合には、**時間的情報が典型**で、何であれ「いつ」が問題になるものはすべてそうである。人の人生も歴史の中では出来事だから、生没年なども含まれることになる。具体例は十分見たので省く。

④**現に存在する（した）事例**

　説明には抽象性もあれば具体性もある。**正確かつわかりやすい説明の条件**というものを考えるなら、一般論として、**抽象性と具体性がうまく嚙_かみ合い、補い合っていること**と言うことはできるだろう。③の計測可能なものというのも具体的と思われるだろうが、先の例でも触れたように、数字的情報は何か比較対象があればわかりやすいが、単独で示されると意外にとらえどころがない。そういう意味で、具体的なイメージを喚起する力としては、具体例に勝るものはない。

　読み手がよくわかると感じる例は、有名であるか、その対象の"それらしさ"を端的に表しているか──そうした例のことを「プロトタイプ」と呼ぶこともある──の、どちらかであることが多い。どちらのケースも、何らかの点で"顕著"だということになるが、顕著な事物・出来事・人物などに言及することで、読み手が持っている知識やイメージと結びついて理解が促進される。ただし、前にも触れたが、**例を選ぶ際、なぜその例なのかという根拠にも言及する**ことが望ましい。選択の根拠が示されないままに印象の強い例だけが挙げられると、具体例による印象操作のようなことになってしまいかねない危険性があるからである。

3. 事実と意見

　このように、説明とは、定義による規定や、何らかの点で同定や計測が可能な記述に、その対象を代表するような顕著な具体例などで構成さ

れる。これらの要素を上では客観的な「事実」と括ったが、**事実と区別しなければならないのが「意見」**である。木下是雄『理科系の作文技術』（中公新書）では、**事実と意見を区別することの重要性**が説かれており、両者は次のように区別される。

> **事実**とは、証拠を挙げて裏付けすることのできるものである。
> **意見**とは、何事かについてある人が下す判断である。
>
> （木下、p. 102；強調滝浦）

証拠によって裏づけできるというのは、裏を返せば、誤っている場合には反証できるということでもある。一方、ある人が何かについて"どう思うか"の判断は、適切だったり不適切だったりすることはあっても、そのことを証明したり反証したりすることはできない。

　何かを書くときには、**自分が書こうとしているのが事実なのか意見なのかを、いつも意識していなければならない**。特に、書こうとしているのが「説明文」なのに自分の意見を交えてしまうと、**本人は説明文のつもりでも実際には意見文になってしまう**といったことが容易に起こる。事柄そのものとしても事実か意見かという区別は重要だが、言葉の選び方に関して、事実としての書き方と意見としての書き方があるという点にも注意しておきたい。判断（特に価値判断）を含んだ言い方をしたら、それは意見としての書き方である。

　そういう意味で、事実と意見を区別できるようになっておくことは有用である。最後にその練習をしよう。

Q. ....

　次の(a)〜(e)は事実だろうか？意見だろうか？考えてみよう。

(a)　東京で一戸建の家を買うなんて、普通のサラリーマンの給料では
とても無理だ。

(b)　（ある本について）　この本は、まだ女性の社会進出に対する理解
がなかった時代に、それを変えようと生涯活動した女性の物語だ。

(c)　変化の激しい時代こそ、規範の大切さをより多くの人が理解する
ことが重要だ。

(d)　健康意識の高い人は、スポーツジムなどに通って自己管理をする
ことがすでに常識となっている。

(e)　日本語は、単語が和語・漢語・外来語から成り、表記もひらが
な・漢字・カタカナを混用するという特徴がある。

A.

まず答えを示そう。

(a)　意見　　(b)　事実　　(c)　意見　　(d)　意見　　(e)　事実

となる（ただし(b)は条件付）。事実は２つだけで、あとは意見である。
どういうことか？

まず(a)だが、「とても無理だ」という表現が主観的判断であり、そこ
が決定的である。また、「普通のサラリーマン」という表現もつい使っ
てしまいそうな単語だが、**何をもって「普通」と感じるかは人それぞれ
に思い描く条件や状況によって大きく異なる**ため、実は主観的な判断で
ある。ではどうすれば事実の表現になるかというと、たとえば統計的数
字を引用しながら、東京における一戸建住宅の平均価格が何歳の男性サ
ラリーマンの平均年収何年分に相当する、といった数値的情報を利用す
ることになるが、「無理」を客観的に表現することは難しい。

(b)は条件付と書いたが、問題にしている本の内容が(b)で述べられたと
おりであるなら、ということで、もしそうなら(b)は、**本の内容自体につ**

いての評価とは独立に、事実として扱われることになる。もし本の内容が客観的に誤りであるような場合には、後ろに続けて「しかし、本に書かれている事柄は事実とは言えず、したがってこの本はフィクションと言うしかない」のように述べて、本の内容が事実であることを打ち消すことができる。

　(c)はどうだろう。文末が「重要だ」という価値判断の表現になっていることに着目すれば、「意見」であることはわかりやすい。「こそ」という強調も主観的判断だとわかる。だが、ここにもう１つポイントがあることは気づいただろうか？　それは「規範の大切さ」である。これは落し穴と言っていいが、「○△の□◇さ」という表現は要注意である。というのは、この表現には「○△が□◇であること」という内容がはじめから前提とされているからで、そのこと自体が前の部分で証明されていないかぎり、それは書き手自身の意見と考えなければならない。「規範が大切だ」というのがよく聞く言い方だとしても、たとえばそれに反対する「規範に囚われすぎると自由な思考ができなくなる」という意見も成り立つからである。これは、そう思っている人が比較的多くいる意見だとしても、それで事実になるわけではない。類例を挙げておくと、たとえば「日本の良さが世界に理解されていない」というのも意見である。「日本は良い」と勝手に決めることはできない。

　(d)も意見である。「常識」というのも基準があるわけではなく、話し手の思い描く基準によって主観的に言われる言葉である。「意識の高い人」というのも基準がないし、「すでに」といった時に関する判断も同様である。暮らしの中でこのような文にはとてもよくお目にかかるが、客観的であるような雰囲気を漂わせながら、実は書き手の判断をあたかも広く認められた事実であるかのように語る“水増し”的な語法である。

　最後の(e)は事実である。日本語の単語の構成要素についても表記につ

いても、述べられていることは間違っておらず、また、他言語との**相違を意識しながらそれを「特徴」だと述べること自体は価値判断ではない**からである。逆にいえば、もし文末が、「世界に類を見ない特徴である」のようになっていたならば、そのことが証明されないかぎり、単に書き手がそう思いたいと言っているにすぎない意見となる。

　このほか、何かを**強調したいと思ってつい使ってしまう、程度を表す語句は要注意**で、「非常に」や「きわめて」など、何を基準にそう言えるのかがわからなければ、そのように見ること自体が書き手の判断だということになる。しばらくはこうした点にいちいち注意しながら事実と意見の区別に慣れていって、事実だけで説明文を書くことができるようになってほしい。

9 │ 書くスキル②：文体と論理

《目標＆ポイント》　文体によって文章の論理がどのように変わるかを、「起承転結」と呼ばれる文体と、新聞記事に代表される「逆三角形型」を例にとりながら具体的に検討し、実践の中で理解する。
《キーワード》「起承転結」の文体、「逆三角形型」の文体、新聞記事

1. 起承転結の文章

　この授業を受けている人の多くは、文章が上手に書けるようになりたいという動機をもっているだろう。ではどんな文章が書けたらいいと思っているか、ちょっと自分に聞いてみてほしい。もしかすると、**「起承転結の整った文章」** が書けるようになりたい、と思っている人が少なからぬ割合でいるかもしれない。「起承転結の整った」という言い方は、"要領よくメリハリの利いた"というくらいの意味で使うこともあるから、何となくそう思っている人もいるだろうが、もう少し言葉どおりに「起承転結」という「文体」を手本のように考えているとしたら、実は、**本書が目標とする文章とはかなりの隔たりがある**。意外に理解されていないことのように思われるので、**起承転結とはどのような文体（スタイル）か？**というところから始めたい。

　実務的・学術的な文章は、意見ではなく事実を書く客観的な文章だが、このタイプの**説明文は「起承転結」とはむしろ相性が悪い**。一方、「起承転結」といえば、日本語で名文と言われる文章の典型とさえ言う

ことができる。なぜ"名文"のスタイルが説明文には適さないのか？　これだけではわからないから、まずは起承転結の文章がどのような構造になっているかを、実際に読んで考えてみることにしよう。**新聞の１面に載っている「コラム」**は、読みやすいけれどもある核心を突くような文章として親しまれている。典型的な「起承転結」型の文章と言っていい。下の問いを考えてみてほしい。

Q.
　1．次の新聞のコラムを読んで、「起承転結」の４つの部分に分け、各部の内容を簡潔にまとめてみよう。（なお、原文では内容上の切れ目に▼を使っているが、ここでは便宜的に各まとまりに①〜⑥の番号を振り、直前に句点「。」を補った。）
　2．上をふまえ、内容的に最も重要なのは「起承転結」のどの要素であるかを考えてみよう。

（天声人語）一緒に食べることの意味
①毎年、３千枚以上の年賀状を受け取る知り合いがいる。当然そのぶん出している。大仕事だろう。頭が下がる。ところで、普通の人が年賀状を書くときに何人くらいの宛先を思い浮かべるものか。②答えは150人ほどという。人が一定の信頼関係を持てると思う知人の数も同じくらい。要はいまの人間の脳の大きさに適する集団の規模である。霊長類研究の第一人者、山極寿一（やまぎわじゅいち）京大総長が季刊誌「考える人」の最新号で語っている。家族のあり方をめぐるインタビューは、人間の進化から説き起こし、刺激に富む。③人間はサルと違い、食物を仲間のところへ運んで一緒に食べるようになったと山極さんはいう。ばらばらで食べるサルに対し、人間は「共感力」を発

達させ、家族を営み、さらに150人程度の共同体をつくった。④そうした歩みは、人間が言葉を獲得する以前のコミュニケーションがもたらしたらしい。だから現在でも言葉以前の交流が大切となる。例えば触覚。握手し、抱き合うことが人間関係に好影響を与える。⑤実際に会わずネットだけでつながる。そんな近年の傾向を憂えつつ、人間の身体はまだ新技術に適応してはいないと山極さんは見る。人は効率性だけでは生きられない。現代人のペット熱をご覧なさい、と。生身の身体を使って人とつながれ、という主張に共感を覚える。⑥正月、久々に大勢で食卓を囲み、言葉のいらないつながりに浸った方も多いだろう。きょうからはまた、効率に追われる日々だとしても。

(『朝日新聞』2015年1月5日朝刊より)

A.

1. まず起承転結の４つの部分に分けよう。次のようになる。

    起：　①〜②
    承：　③〜④
    転：　⑤
    結：　⑥

起と承で全体の２／３ほどとなるが、内容上のまとまりから考えて、この分け方が妥当だろう。それぞれ確認する。

    起：　人間が信頼関係を築けると考える集団の大きさは150人程度であり、それは脳の大きさとも合っている。

    承：　サルから進化した人間は、言葉以前のコミュニケーションによって、他人と共感する力を発達させ、家族や周囲に150人程度の共同体をつくり関係を維持した。

　転：　近年、ネット上だけの関係などが増えているが、そのように
　　　　効率性を優先させても、結局は直接的なふれ合いがないと生き
　　　　られないから、ペットを飼うなどしてしまう。
　結：　言葉のいらないコミュニケーションの大切さを忘れずにいた
　　　　いものだ。

　これを見て、起から結までの流れを考えたい。文字どおり、**起は話題
を立てる**ということで、**承はそれを受けて展開する**。人間が持てる関係
のネットワークが150人程度だという話から始めて、それを可能にした
のがサルにはなかった共感する力であることが述べられ、さらに、それ
が言葉以前のコミュニケーションによってもたらされたという論点が提
示される。ここまでは自然な流れと感じられる[1]。
　では次の転はどうだろうか？　ここには新しい言葉がいくつも現れ
る。新技術によって可能となったネット上だけのつながり、効率性、
ペット熱、という具合に、ここまでの流れになかった事柄が俎上に上
げられる。話はここで文字どおり転じている。**転で読み手の目は急に別
なものの方へ誘導される**。それは意外性の感覚も産むだろう。読者が、
なぜ書き手はこれらの異質な要素を持ち出したのか？と考えたところ
に、それが起承の流れに反している現象だからだとの解釈が示される。
つまり、ネット上だけの関係が"バーチャル"などと言われて広まってい
るが、人間の身体は実はそれに対応できておらず、その反動としてスキ
ンシップをペットに振り向けて代償としているではないか、との主張を
読み取る。そこから、やはり人間同士の直のふれ合いが必要だとの考え
が導かれ、結で、正月に味わったであろう言葉のいらないコミュニケー
ションに重ねる形でその勧めが暗示される。

1）起を①のみと考えた人もいるかもしれない。最も形式的にとらえればそう解釈
することも可能である。しかし、サルにはなくて人間だけが発達させた能力という
論点に対する問いとして見るなら、①だけでは内容が足りないので、①〜②で起と
考えるのがいいと思う。

以上の流れの全体を図にして示そう。起→承の流れは確認したとおりだが、承からの流れはどこへ行くかというと、少なくとも転には行かない。つまりそこで**承からの流れは宙吊りとなる**。同じことの裏返しだが、**転は他の要素から何も受け継いでいない**。いわば唐突に、そこに置かれる。そして、**宙吊りの承と唐突に現れた転を、結は２つながらに受け止める**。先のまとめの言葉でいえば、承で提

図9-1　起承転結の構造

示されていた言葉以前のコミュニケーションと、転におけるその欠如からの反動という話を１つにくるみ、やはりスキンシップが基本だという結論が導かれる。転で話がどこへ行ってしまうのかと思わせておいて、起承からの流れを壊すことなく転ともつなぐ、こう言ってよければ"めでたしめでたし"の大団円が起承転結の終わり方である。

2．次の問いに答えながら、このことをもう少し考えよう。いまの流れの中で最も重要な要素はどれだろうか？　結論が最も大事、との考え方はもちろんあろう。だが、あらためて見れば、スキンシップが基本という結論は、承で示された見解を少し言い直したという程度ではないだろうか？　そう考えると、**承の"小さな結論"を全体の結論にまで高めたのは、話を違う方向へ振ってから、それの否定という形で同じ結論を導いた転の働き**だったと見えてくる。ためしに、転を取り去ってみるとこのことがよくわかる。起→承と来て、そのまま結に至る流れは、自然ではあるけれども、最後まで来たところで、「それで？」と聞き返したくなるような物足りなさがある。転はその流れを一旦断ち切って、あえて関係なさそうな話を見せ、しかしそれが起→承の流れに反していると述べることによって、承の"小さな結論"の価値を高める働きをする。このよ

うに考えるなら、**最も重要なのは転である**ことがわかる。

　読者を説得する技法として、十分雄弁ではないかと思われたかもしれない。だが、**転が鍵であるとして、その内容の正しさはどこで支えられていただろうか？**　実は、それがない。転は記事本文では⑤の部分だけだが、起承が①〜④であることを思えば、転は短い。短いが、内容は多い。ネット上だけの関係、効率性、直接的なふれ合いの欠如、ペット熱、とたたみかけられる。確認したように、これらは前の要素から何も引き継いでいない。つまり、転の内容の"正しさ"は、引き合いに出された話についての"読者の承認"にかかっている。とはいえ、ここで話題となっているインターネットや効率性社会やペットブームといった問題は、広げた風呂敷が大きすぎるくらいに関係が定かでない。「ネット上での人間関係が増えたからペットブームになった」と言われたとして、すぐに肯定できるだろうか？　実はそこには論理の飛躍がある。

　定かではなくとも、**そんな感じがしませんか？ とこの文章はそこで読者を誘っている**のである。あなたもそう感じるなら、私たちは次の結論を安心して共にすることができます、やはり人間関係はスキンシップでしょう、と[2]。ここまで来てわかることかもしれないが、良い悪いではなく、**これは論証ではない**のである。自然な、しかしそれだけでは面白みがないような流れから、直ちには結びつかないようなものに目を転じ、それが元の流れと関係があると述べることによって両者を結びつける、**一種の雄弁術的なレトリック（修辞法）と言うのが妥当**である。

　試しに、各自で新聞のコラムを適当に選び、上のような読みをしてみてほしい。転が鍵であり、そこに主張の核のあることがわかると思う。

2）なお、記事の中で（④）、人間が言葉を獲得する以前のコミュニケーションが共同体の規模を大きくしたと書かれているが、元のインタビューで山極氏がそのように述べているわけではない。山極氏は、人間が大きな脳を持つようになったことと、人間が共感力を発達させ、言葉を必要としない共鳴集団を持つようになったこととの間には関係があるだろうと述べ、また、それが必ずしも言語によってもたらされたわけではないということを述べている（季刊誌『考える人』2015年冬号）。

紙数の関係で引用はしないが、別の日のコラムでは、「裁判員制度は無意味か」とのタイトルで、裁判員裁判で出された死刑判決が控訴審などで破棄されるケースが話題となっていることが取り上げられた。そこでもやはり、転に至って、裁判所も間違えるから、上級審が「違う頭で考え」別の観点から極刑を回避した判断も否定できない、との記者の意見が示され、それが事実上の結論となっている（「天声人語」『朝日新聞』2015年2月6日朝刊）。日本語のコミュニケーションについて、「空気」という比喩をよく見聞きするようになったが、起承転結の文章はその1つの典型かもしれない。**示されるのはある方向を感じさせる「空気」**であって、読み手がそれを受け入れるならこの結論を共有できますよと誘う文体なのである。

　皆が真似るべきお手本として学校で教えるべきものかどうかはともかく、文章を書こうと思ったときにこのスタイルが思い浮かぶ人は多いと思われる。しかし、**実務的・学術的な客観的な文章を書くときに、起承転結は不向き**である。上でわかるとおり、これは**書き手の「意見」への賛同を求める主観的文章**なのであり、前章の最後で見たように「事実」だけで書く客観的文章のスタイルではない。少なくともタイプが大きく異なっており、むしろ、説明文を書くときに起承転結の文体は用いない、と考えた方がいい。「書くスキル」をうたいながら、ここまで起承転結の文章を書くための問いが出てこないことを訝しく思った人もいただろうが、こうした理由から本書では、起承転結の文体を書く練習はしない。

2．逆三角形型の文章

　文体という観点で見たとき説明文やレポートの文体がどのようなものであるのかは最後に述べることとして、起承転結とは大きく異なった文

体で、確定した事実を述べるときに使われるものについて見ておきたい。それは「逆三角形型」などと言われる文体である。まず次の問いを見てほしい。

Q.

次の新聞の記事を読んで、どのような種類や性質の情報がどのような順序で提示されているかを説明してみよう。（なお、便宜上、見出しおよび各段落に番号を振ってある。）

①「外れ馬券は経費」、民事も　大阪地裁判決

②５年間で計約35億１千万円の馬券を買い、約36億６千万円の払戻金を得た元会社員の男性（41）が「勝った分を大幅に上回る約８億１千万円を課税されたのは不当」として、国を相手に大阪国税局による課税処分の取り消しを求めた訴訟の判決が２日、大阪地裁であった。田中健治裁判長は、男性が被告となった所得税法違反事件の判決と同様に「外れ馬券」を必要経費と認定。適正な課税額は約6700万円とし、処分の一部を取り消した。

③判決によると、大阪府内に住む男性は市販の競馬予想ソフトを改良。日本中央競馬会（JRA）が運営するサイトを通じて毎週末の大半のレースで様々な組み合わせの馬券を買い、2005〜09年に約１億５千万円のもうけを得た。

④税務申告していなかった男性に対し、国税局は「競馬の払戻金は偶然に得た一時所得で、経費として差し引けるのは収入に直結する当たり馬券の購入費約１億５千万円だけだ」と判断。約６億８千万円の所得税と約１億３千万円の無申告加算税などを追徴課税した。

⑤判決は国税局の処分について、男性の馬券購入は一般的なやり方と

異なる「営利を目的とした継続的な行為だった」と指摘。男性が受け取った払戻金は外れ馬券の購入費約33億5千万円も経費に含むことができる「雑所得」にあたると判断した。

（『朝日新聞』2014年10月3日朝刊社会面、
阿部峻介・采沢嘉高記者執筆）

A.

競馬の馬券を買ったお金が「経費」に当たるか？ということが争点らしいが、普通はこんなことを考える必要はないだろう。しかしこの訴訟の男性にとっては天国と地獄の開きがある。外れた馬券の購入費用を「経費」と認めるか否かで、払うべき税金などが7億4千万円！ほども変わってくるということらしく、ただごとではない。

問いは、この訴訟の判決内容を報じた記事について、**どのような情報構造をしているか**を説明するよう求めている——先に見た起承転結も情報構造の1つの形だった。順に見て行こう。①は記事の見出しだが、言うまでもなく**見出しとは、最も圧縮した形でその記事の内容を表した言葉**である。新聞の読者は紙面を隅から隅まで読むわけではなく、ざっと眺め渡して目に留まった見出しの記事を拾って読む。その意味で見出しは、記事が読者に読んでもらえるか否かの生命線といえ、記者が最も工夫するところだろう。

この記事ではそれが、「『外れ馬券は経費』、…」という引用風の書き方となっており、それに続けて「民事も　大阪地裁判決」との説明が来ている。読者はこれを見るだけで、民事裁判の判決が出たこと、すでに刑事裁判の判決も出ていること、当たらなかった馬券の購入費用を経費と認める判断が下されたであろうこと、を了解することができる。感じ方は様々だろうが、これだけわかればこの裁判がもつ意味の最も重要な

点はわかる。

　新聞記事というのは、ここで止めてもいいし、もっと先まで読んでもいい。「外れ馬券が経費なら自分だって」と思う人もいるかもしれないし、「あまり普通にありそうとは思われない」との感想もあるだろう。事実、あまり普通のケースではなかった。金額が尋常でない。最初の段落である②はその経緯を説明している。35億とか36億とか、要は大量に買って少しずつでも当たれば、５年で１億５千万の利益が出るということだろう。問題は、それに対する課税額の認定法だった。36億当たったのだからと８億円強の課税をされたことを不当として訴えた主張が認められ、課税額は７千万円弱とされた。判決主文に書かれているであろう**ポイントに沿って①の内容を具体的に言い換えた形**になっている。

　裁判の内容はわかったが、読者としてはこの男性が一体どんなことをしたのか？との興味にかられるだろう。それを説明するのが③段落である。市販の競馬予想ソフトを改良して利用し、大量の馬券を購入し、前記の利益を上げることに成功したのだという。個人で株式や為替の取引をしている人がいるが、それと似たような感覚かもしれない、といった感想をいだく。しかし疑問も浮かぶ。判決のような課税判断ならば、いわば一種の事業としての"競馬取引"において１億５千万の"差益"と見ることが可能だが、税務当局の当初判断に沿うなら、36億の利益に対して８億の税金ということだから、成り立つ余地がないだろう。

　④と⑤の段落がその部分の事情を説明する。④は当局の見解として、当たり馬券による利益が「偶然に得た一時所得」であるから、その分の馬券購入費用に相当する１億５千万だけが経費だとする判断[3]を述べ、⑤では裁判所の判断として、男性の行為全体を取引のような性質のものと認め、払戻金全体が税法上の「雑所得」に当たると認定、その場合、外れ馬券の購入費用も経費と認定されるとの判断を述べている。最後の

3）「所得税基本通達」の「法第34条《一時所得》関係」には、「一時所得の例示」として「競馬の馬券の払戻金」について、「34−１　次に掲げるようなものに係る所得は、一時所得に該当する」との規定がある。

④⑤などは、「一時所得」か「雑所得」かという税法上の判断に関わる細かな争点の話であり、税金の確定申告などをしたことがなければそもそもピンと来ない人も少なくないだろう。そう思ってあらためて①〜⑤の流れを見ると、**大づかみの理解から始めて具体的な経緯を押さえ、次第に細かな争点へと入っていく書き方**であることがわかる。簡潔にまとめるならこんな風になるだろう。

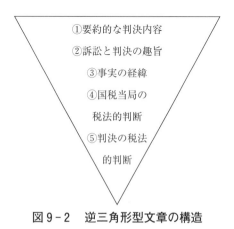

①要約的な判決内容
②訴訟と判決の趣旨
③事実の経緯
④国税当局の
　税法的判断
⑤判決の税法
　的判断

図9-2　逆三角形型文章の構造

経緯や背景や争点を深く知りたいなら最後まで読めばよく、概要だけでよければ途中で止めてもかまわない。そういう意味で、**上ほど情報価値が大きく、下に行くほど細かくなるこうした展開の仕方**を、「**逆三角形型**」と呼ぶことがある。パラグラフ・ライティング的にいえば、**中心文が最初にきて支持文が後ろに続く形**である。

　逆三角形型の文章は新聞記事が典型である[4]——実は先に見た「コラム」や「社説」は、事実ばかりの新聞の中で記者の意見を書く例外的な部分である。記事というのは基本的にすでに起こった過去の事実を書くものだから、（ニュース速報でないならば、）**出来事の全体をいわば再構**

4）第6章第2節で見た公共の場での喫煙禁止をめぐる「説明展開形」の文章も逆三角形型である。

成して、**出来事のもつ意味まで含めて、大きな理解から順に書いていく**
ことができる。説明文の中でも、事実の報告書のような文書であれば、
これと同じ書き方をすることがあるだろう。

　それではここで、「書くスキル」の実践練習をしよう。次の問いを
やってみてほしい。

Q.

　最近（時間の幅はおまかせする）自分のした買い物を１つ選び、先の
新聞記事の書き方を参考にしながら、それを逆三角形型の文章で説明
してみよう。

　なぜ買い物？と思われたかもしれないが、買い物は、まず結果が（自
分にとって）それなりの意味をもち、かつなぜそれにしたかの理由や判
断があり、さらに背景にはそれが必要となった経緯や事情がある。それ
を、事の順序どおりに時系列的に説明することもできるが、買ったとい
う結果の側に立って、理由や事情を述べていくスタイルも向いている。
筆者も書いてみた。

A.

　①軽量自動折りたたみ傘を購入　コンビニの PB 製品[5]

　②１ヶ月ほど前に滝浦氏は、自動で開閉する軽量の折りたたみ傘を購
　　入した。あるコンビニチェーンの自社ブランド製品で、購入金額は
　　1000円ほどだった。

　③元々傘にこだわりはなく、主にビニール傘を使用していたが、現在
　　の職場に変わってから荷物の多い日があり、両手がふさがっていても

5）自社ブランド製品のこと。プライベート・ブランドの頭文字をとって、PB 製
品と略されることがある。

開閉でき、かつかさばらないという条件を満たす傘が欲しいと思うようになっていたという。

④インターネットで調べたところ、各コンビニが力を入れている自社ブランド製品に好評な商品のあることが判明、ちょうど、雨の日に傘を電車に置き忘れるという出来事があり、機をとらえて購入に踏み切ったとのこと。購入後に判明したことだが、その製品は骨が金属ではなく樹脂製のため、強風にあおられても折れないという特長も備えていた。小型で軽量にするため開いたときの直径が小さいという短所はあるが、全般的に不満はないと氏は話している。

ここは形式よりも内容である。見出しと３つの段落の情報構造は、

①要約的な購入の内容
②買った物の基本情報および特徴
③購入の必要性と動機
④事後も含めた補足情報

とまとめられる。下に行くほど細かくなっていることがわかると思う。レポートや論文など、より長い文章の中で、たとえば**何かの報告書の内容をまとめたり、誰かの研究結果を要約的に述べる際など**には、このスタイルがわかりやすく、読み手にも親切である。

3. "起承結"？の文章

レポートや論文のように、それ自体が何か大きなテーマを探求していくような文章では、単純に全体を逆三角形型で書くことはできない。か

といって、起承転結もレポートや論文のスタイルではない。レポートの書き方については第12〜13章で詳しく見るが、文章の大きな流れとしてどのような文体かというと、**起承転結の転を抜いたもの**、という言い方が最も近いかもしれない。

　論理という観点から起承転結を見れば、起→承という流れが一応あるにもかかわらず、それとは独立に転が置かれるところにまず難があり、かつ転に対する承の部分はないため、転が無前提に"正しい"ものと扱われているところにも難がある。そのような転に強く依存するのが起承転結ならば、いっそ転を除けば論理的な難点も取り除かれるのではないか？との考えも出てこよう。

　この考えは見当外れではない。ただし、そのままでは無理である。第1節で、起→承からそのまま結に至る流れは、自然ではあるが物足りなさが残ると書いた。実はそれは当然のことであって、**根拠が挙げられていないから**、ただ流れて行くだけで終わってしまう。そうではなく、**起で問いを立て、承で受けた上で、それを様々な根拠によって検討しながら、その結果を結でまとめる**のであれば、それは順当な展開と言えるだろう。

　このとき重要なのが、論の支えとなる根拠だという点を覚えておきたい。ある文体（スタイル）が自動的に何かを証明してくれることはない。その上でいうならば、**学術的な文書のスタイルは"起承論結"である**と言うことができるだろう。

10 | 考えるスキル② ：
言えることと言えないこと

《目標＆ポイント》 書きたい主旨を支える推論の方法について検討する。出発点となる命題から導けることと導けないことを区別できるようにして、正しい論理的展開の仕方について実践の中で理解する。
《キーワード》 正しい推論、誤った推論、命題、対偶、三段論法

1. 知っておきたい論理の話

　書くためには**考えなければいけない**。それは当たり前だが、では考えるとは、心に浮かんだよしなしごとをそのまま言葉にしていけばいいのだろうか。そういうフリをして書けるのは吉田兼好のような名随筆家ということになるが、論理的な文章を書こうと思うなら、**石を置くように要素を置いた**のではダメで、**要素同士がきちんとつながっていなければならない**。そのことの一端は第5章、第6章で見たような"つなぎ言葉"が担っている。しかしもう一方で、そのようにつなぐことのできる要素そのものは、どのように導き出せばいいのだろうか？　そもそも、正しい導き方というものが存在するのだろうか？　そう問われて、**考えの「論理的」な導き方**をわかっていると答えられる人は少ないだろう。

　「論理学」という学問の世界に少し足を踏み入れることにもなるが、私たちが**日常の会話の中で、言葉のつながりから考えを導き出している仕方は、論理学的に正しいとは限らない**。むしろ、論理学的には正しく

ない導き方をしばしばしていると言った方がいいかもしれない。暮らすということと何かを論じたり証明することは事柄の水準が同じでないから、日常の暮らしを送る分にはそれでいい場合も多い。それでも、たとえば何かの契約をするとか、未来のことについてなるべく正確な予測をしたいような場合になると、論理的な正しさが問題となってくる。学術的な文章において何かを論じるときもそうである。この章では、そのような、**論理的に正しい考えの導き方とはどのようなものか**、あるいは逆に、**論理的に正しくない導き方とはどのようなものか**を考え、その応用として文章の作り方を学ぶことにしたい。少し難しい言葉でいえば、**「正しい推論の仕方」**が本章のトピックである。

　では具体的な例で考えよう。

Q. ....

あなたは友だちと話をしている。ふと友だちがこう言った。

　(a)　「金持ちは幸せだなあ。」

あなたも同調して「そうだね。」と言い、さらに言葉を続けるとする。自分がどんなことを言いそうか、考えてみてほしい。こんなふうに言うことはないだろうか？（各例の「おれ／わたし」その他は適当に選んでいただきたい。）

　(b)　「おれ／わたし、金持ちじゃない。やっぱり不幸せなんだな。」
　(c)　「おれ／わたし、幸せだよ。じゃあ、これでも金持ちってことか。」
　(d)　「おれ／わたし、幸せじゃない。やっぱり金がないんだな。」

友だちの言った(a)が正しいと仮定した場合に、(b)〜(d)には論理的に(a)から正しく導けるものと導けないものが混じっている。どれが正しく、どれが誤っているだろうか？

A.

(a)の内容そのものについて異論のある人もいるだろう。しかしそれは別の次元の問題である。論理の話をするときは、**出発点を正しいと仮定した場合に論理的に何が導け何が導けないか**、という形の議論となるので、そこは了承した上で考えてほしい。

もし、正しく導けるものと、自分の言いそうなものが異なる、という答えに至った人がいたら、おそらくその人は**論理的に鋭い人**である。仮に自分だったらどれを言いそうかと考えると、(b)のように「金持ちじゃない。やっぱり不幸せなんだな」と言って、笑い合うような場面を思い浮かべる。これは、パターンとしては、元の(a)の文を前半と後半に分けたとき——以後それを前件と後件と呼ぶことにする——、(a)の**前件（金持ち）を否定して、そこから後件（幸せ）の否定を導くという推論**をしたことになるのだが、実はそのようなことは言えない。これは**論理的に誤り**なのである。

もう一度(a)を注意深く読み直してみよう。「金持ちは幸せだ」というのは、「ある人が金持ちならばその人は幸せだ」と言っているだけであり、**「幸せな人は金持ちに限る」とは言っていない**。ここが重要で、問題の(b)はというと、自分が「金持ちでない」ということから、自分が「幸せでない」ということを導いている。もしそのように言えるとすれば、それは「幸せな人は金持ちに限る」という考えが正しくなければならない。しかし(a)はそのようには言っていないのだから、この導き方は

誤りである――簡単に言えば、「金持ちでなく」ても「幸せ」な人はいくらもいるということになる。だから(b)は**論理的に誤り**である。誤りなのだが、この導き方による言葉は実によく耳にする。

　では(c)の「幸せだよ。じゃあ、これでも金持ちってことか」はどうだろう？　自分が「幸せだ」ということから、自分が「金持ちだ」ということを導いている。これは、パターンとしては、元の**前件（金持ち）と後件（幸せ）を引っくり返して、後件（幸せ）から前件（金持ち）を導こうとしている**ことになる。しかしこれも同様、(a)は幸せを金持ちに限定していないのだから、幸せだからといって金持ちとは限らない。つまり、(c)も**論理的に誤り**である。

　では正しいのは？というと、(d)のみである。そして、このパターンはつねに正しい。(d)「幸せじゃない。やっぱり金がないんだな。」は少しややこしい印象があり、この答えを意外に思われた人もいるかもしれない。なぜ正しいかについて、一応普通の言葉でまず説明を試みよう。まず前提として、(a)は、「金持ち」ならば必ず「幸せ」だということを言っている。言い換えると、「金持ち」でかつ「不幸せ」な人はいない、というのがその意味である。だとすると、もしある人が不幸せだとしたら、金持ちに不幸な人はいないのだから、その人は金持ちではないことになる。というわけで、これは**論理的に正しい**。パターンとしては、**後件（幸せ）の否定から前件（金持ち）の否定を導いている**。このパターンは、元の文が正しければつねに正しい。

　日常の他愛ない会話で、正しい論理的推論をしている場合ももちろんある。たとえば、風邪を引いている友だちと引いていないあなたが会話をしていて、友だちが「なんとか（＝バカ）は風邪引かないって言うね」と茶化して言ってきたとき、もしあなたが「今はたまたま引いてないけど、年中風邪引いてるよ！」などと返すなら、それは正しいパター

ンを利用した反撃となる。すなわち、後件の否定（風邪引く）から論理的に導けるのは前件の否定（バカでない）であるから、あなたは暗にそのことを主張できる。もちろんこれは、事実がどうかとは関係なく、茶化し合いという言葉の遊びである。

2. 論理の世界：命題、裏、逆、対偶

　いま見てきた話は、行き当たりばったりではなく、一定のパターンに沿っている。その「パターン」を取り扱うのが論理学である。論理学と聞くと非常に難解という印象があると思うが、ここで取り上げるぐらいのことであれば心配はいらない。パターンに名前が付いたり、記号で表すときの書き方があるが、それも恐れることはないので、少々お付き合いいただきたい。

　まず、論理学で扱う「文」のようなものは「命題」と呼ばれる。命題は「PはQだ」や「PならばQである」という形をとる（ことに決められている）。先ほどの(a)～(d)はどれも命題であり、(a)を例にすれば、「金持ち」がPで、「幸せ」がQということになる。このPやQという要素[1]を、つないだり否定したりするのに記号が用いられる。PならばQという命題なら、記号「⇒」によって、

　　　　P⇒Q

と表される。また、「でない」に当たる否定の記号は「～」などを要素の前に置く[2]。「Pでない」は「～P」、「Qでない」は「～Q」となる。また、論理的に正しいことを「真」、正しくないことを「偽」という。

　以下、上で見たことを論理学的に表していくが、命題も新しいものにしよう。先の例の命題「金持ちは幸せだ」は、論理学的にというより

1）要素を表すアルファベットは特に決まりがあるわけではないので、A、B、C…やX、Y、Z…も用いられるが、習慣的にしばしばP、Q、R…が使われる。
2）ほかに「¬」という記号もある。

も、現実生活からの実感などによって、事柄として理解することが容易
だった。しかし今度は、論理的に導けるのが何で導けないのが何である
かをなるべく純粋に考えたいので、あえてやや作為的な内容を置きた
い。どうかふざけていると思わないでほしい。それは、

　　頭が禿げた人に悪い人はいない。

というもので、仮に「禿善説」と呼ぶことにしたい[3]。この後、要素を
否定したりするので、否定の否定で混乱を来さないように、「悪い人は
いない」を「善人である」として考えよう。そうすると**禿善説命題**は次
のように表される。先の例と同じようにこれを(a)としよう。

　　P ＝ ［禿頭である］、　Q ＝ ［善人である］
　(a)　**P⇒Q　　（禿頭ならば善人である）**

この禿善説自体に異論のある向きもあるだろうが、先にも触れたよう
に、この命題を真であるとした場合に、そこから何が言え何が言えない
かを考えていくのが論理学なので、(a)は真なる命題であると仮定する。
　以下でいくつかのパターンを検討していくに当たって、まず禿善説命
題が、頭が禿げていることと禿げていないこと（禿頭と非禿頭）、善人
であることと悪人であることについて、何を述べているのかをよく確認
しておく必要がある。それを次頁の**図10-1**に示す。(a)の表す内容がこ
の図の関係を意味する、ということを理解することが鍵である。小さな
命題のようで、実はずいぶん大きなことを意味している。まず、「禿頭
ならば善人だ」は、善人の中にすべての禿頭が含まれると言っているの
で、図の「①禿頭」の部分に相当する。一方、そう述べるこの命題は、

─────────
3）これを書いている髪の薄い筆者が、このような命題を立てて自分を慰めている
という面はあるかもしれない。

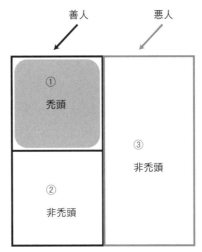

図10-1　秃善説における秃頭／非秃頭と善人／悪人の関係

非秃頭が善人であるか悪人であるかについては何も述べない。したがって、「非秃頭」の「善人」がいてもかまわないことになる――これが図の「②非秃頭」である。他方、この命題が直接的には「①秃頭」の部分を指すということの意味をあらためて考えると、「秃頭」であって「悪人」である人はいないことになる――これが図右側の「③非秃頭」である。これらを確認した上で、先の(b)と(c)に相当する命題の真偽を見ていこう。

　まず(b)だが、これは**前件の否定から後件の否定を導くパターン**だった。それを論理学では、**元の命題に対する「裏」の関係（裏命題）**と呼んでいる。それはこのように書き表せる（〜Qは「善人でない」＝「悪人である」と言い換えることにする）。

　「裏」命題
(b)　〜P⇒〜Q　　（秃頭でないならば悪人である）

先の例で、この(b)は元の命題から論理的に導けないと述べたが、どうだろう？　図で「禿頭でない」領域としては「②非禿頭」と「③非禿頭」の２つがある。このうち③は「悪人」だが、②は「善人」である。つまり、禿頭でないからといって悪人と決まるわけではない（善人もいる）。なるほど、たしかにここで(b)の「**裏**」命題は偽である。

　(c)はどうだろう？　(c)は**前件と後件を入れ換えて、後件から前件を導くパターン**だった。論理学ではこれを、「**逆**」の関係（逆命題）と呼んでいる。それはこのように書き表せる。

　　「逆」命題
　(c)　　Q⇒P　　（善人ならば禿頭である）

これが真かどうかは、図で見れば一目瞭然である。「善人」の領域は図の左半分全部であり、しかしそれは「①禿頭」と「②非禿頭」とに分かれている。つまり、善人にも非禿頭はいる。というわけで、ここで(c)の「**逆**」**命題も偽**である。元の命題は「禿頭」はみな「善人」だと言っているだけであり、「善人」がみな「禿頭」だとは言っていない。何かを論じるときに使う言い方で、「**逆必ずしも真ならず**」という言葉があるのは、実はこれのことである。

　先の例で、(d)は真であり、しかもつねに真であると述べた。本当だろうか？　(d)は、**後件を否定し、そこから前件の否定を導くパターン**だった。論理学ではそれを、**元の命題の「対偶」の関係（対偶命題）**と呼ぶ。**対偶は、元命題が真ならばつねに真である**ことが知られている。まず対偶を書き表そう。

「対偶」命題

(d) 〜Q⇒〜P　　（悪人ならば禿頭でない）

これも図を見れば明らかである。「悪人」の領域は図の右半分であり、そこは全体が「③非禿頭」である。つまり、「悪人」に「禿頭」はいないのである。これが元の命題と同時につねに成り立つのであれば、**元命題の意味をこの対偶の意味と同一視していいということになる**。このことは何かを論証する過程において非常に重要である。「**禿頭はみな善人である**」と言えるのならば、つねに同時に、「**悪人はみな髪がふさふさしている**」とも言えてしまうのである[4]。

以上、4つの命題間の関係を図にしておく（**図10-2**）。ここでは元命題から見たときの関係を名前として書き込んでいるが、裏、逆、対偶はどれも関係を表す言葉なので、縦に並んだ2つの命題は互いに裏の関係にあるし、横に並んだ2つは互いに逆の関係、対角線上の2つは互いに対偶の関係にある。

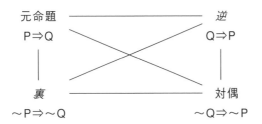

元命題が真なら対偶も真だが、裏と逆は必ずしも真ならず。
図10-2　命題，裏，逆，対偶の関係

4）禿げていない人を悪人扱いしているかのようだが、決してそのようなことはない。論理が示すように、非禿頭にも善人はいる。

誤謬の推理
_{ごびゅう}

　本章の目的は論理学の導入ではなく、**正しい推論と誤った推論の見分け方**を理解することだった。いま見てきたことをあらためて整理しよう（ａ〜ｄの順番に注意されたい）。

(a)　　［禿頭ならば善人である］が正しいとき、

(d)　　［悪人ならば禿頭でない］と言うことはできるが、

(b)　　［禿頭でないならば悪人である］とは言えず、

(c)　　［善人ならば禿頭である］とも言えない。

初めの方で、日常会話において人々が言いそうなことと、論理的に正しいことは異なっているかもしれないと書いたが、ここでその感覚がわかるのではないだろうか？　(a)を聞いたときに(d)で返すことはあまりなさそうに思われる。むしろ私たちがしている返し方は、(b)の「禿頭でないから悪人」や(c)の「善人は禿頭」の方であり、しかしそれらはともに論理的な誤りなのである。そうした**一見正しく見えるが誤りである推論**のことを「**誤謬**」という。

　論理的な文章を書く上で、このことは少々厄介でもあり、しかしいつも気をつけていなければならない点となる。**ある命題を真なるものとしてそこから論を展開しようとするとき、ふだん口にしていそうな裏命題や逆命題を真なるものとして無前提に論拠とすることはできない**（していい場合については次に述べる）。一方、日常的にはあまり馴染みがないかもしれないが、対偶の関係にある命題は、つねに真なるものとして論拠にしていい。「ＰならばＱ」や「ＰはＱ」という話が出てきたとき、それを真と見なして話を進めていい場合には、**いつも対偶の「ＱでないならＰでない」をつくってみて、自分の理解を確認する習慣をつけ**

ておくといい。「禿頭はみな善人」という言い方と「悪人は髪がふさふ
さ」という言い方が論理的に等価である（ニュアンスの問題はあれ）と
いう理解は、少なくともそう自明なことではないように思う。対偶は、
論理の正しさをチェックしやすいだけでなく、**対偶の方から意外な論の
展開ができるかもしれない**ので、ぜひ試してみる価値がある。

　「逆必ずしも真ならず」の「必ずしも」という限定をもどかしく感じ
ていた人も多いだろう。これは、「つねに偽」だと言っているのではな
いので、実際「**真**」**になる場合もある**。それがどんなときなのかを見て
おこう。たとえばこんなケースである。ある記念硬貨の偽物が出回って
いるとしよう。当局の調査によって、偽物を見分ける特徴が判明したと
する。それは、本物では硬貨の周囲に必ずギザギザが彫られているの
に、偽物には周囲のギザギザがないということだった。これまで見つ
かった偽物すべてに当てはまるので、それを偽物の特徴と見なしていい
と当局が発表した。さて、この条件で、諸命題を考えよう。

　　　P ＝［偽物である］、　Q ＝［周囲のギザギザがない］
　(a)　命題　　P⇒Q　　（偽物なら周囲のギザギザがない）
　(b)　裏　　～P⇒～Q　　（本物なら周囲のギザギザがある）
　(c)　逆　　Q⇒P　　（周囲のギザギザがないなら偽物だ）
　(d)　対偶　～Q⇒～P　　（周囲のギザギザがあるなら本物だ）

どうだろう？　この場合、(b)～(d)もすべてが真であることがわかると思
う。本物にはギザギザがあり、偽物にはギザギザがない。本物の全体と
ギザギザのある硬貨の全体が一致し、また偽物の全体とギザギザのない
硬貨の全体が合致する。そしてその２つのことが、**一対一で対応してお
り、どちらにも例外がない**というケースでは、「**裏も逆もまた真**」とな

る。日常会話で、「ＰならばＱ」と聞いて裏や逆も真であるかのように
人々が言いがちであることの背景には、このケースのようにＰとＱを
ぴったり重なるものと見なしてしまう傾向があるのかもしれない。論理
的な文章を書いているときには、自分の見ているのがどんなケースなの
かをよく把握することが肝要である。

3. 推論のエンジン──三段論法

　日常生活によく現れている論理として、もう１つのタイプについて考
えたい。それは、「**三段論法**」である。三段論法と聞けば、「ああ、あの
ソクラテスのやつ！」と思い出す人も少なくないだろう。学校で習う、
「…ゆえにソクラテスは死ぬ」が導かれる論法で、「ソクラテス」とか
「死ぬ」とか、どこか突拍子もない感じがあって、記憶に残りやすいこ
とと思われる。

　でも、このソクラテスのやつ、あまり日常生活と関係していないので
は？と思った人もいるのではないだろうか。そのとおりで、こういう例
で習うと、やはり論理は日常の暮らしと関係ない抽象的な別世界のこ
と、という印象を与えやすくなってしまう。では実際はどうかという
と、**人はとてもしばしば暮らしの中で、「三段論法」による理由づけを
しながら結論を導いている。**

　こんな例を考えてほしい。会社でもサークルでもママ友でも何でもか
まわないが、何人かで食事（飲み会？）をしたいと考えた。あなたには
佐藤さんと田中さんという２人の仲良しがいるが、困ったことに、佐藤
さんは田中さんを良く思っているのに対して、田中さんは佐藤さんを良
く思っていない（ことをあなたは知っている）。さらに厄介なことに
は、田中さんはその人間関係の中で発言力のある人物（「実力者」とし
よう）と信頼関係にあるため、あなたとしては田中さんの機嫌を損ねる

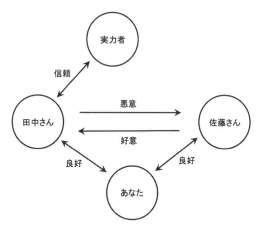

図10- 3　とかくに面倒な人間関係

ことはなるべくしたくないという思いがある。面倒だが現実にはよくある人間関係とも言えるだろう。上に図示しておく。

　さて、ここであなたの思考はめぐり始める。佐藤さんも田中さんも誘いたいけど、ええと、佐藤さんを誘うと田中さんが機嫌を損ねるんだよな。しかも、田中さんが機嫌を損ねると、田中さんは実力者と通じてるから、こんどは実力者から悪く思われかねないんだな。それはちょっと避けたいというのが正直なところだ…。じゃあ、ここは仕方ない、佐藤さんとは別の機会にするとして、ここは田中さんだけにしておくか。

　こんなこと全然普通で、いつも皆こんなことを考えながらいるのでは？と思うかもしれないが、**この導き方はれっきとした三段論法**だということにも気づかないだろうか？　三段論法風に書き表してみよう。

　①　佐藤さんを誘うと、田中さんが機嫌を損ねる。
　②　田中さんが機嫌を損ねると、実力者から悪く思われかねない。
　③　∴佐藤さんを誘うと、実力者から悪く思われかねない。

　　　　　　　　↓

現実の判断：　　（実力者から悪く思われたくないので、）
　　　　　　　　　佐藤さんを誘うのはよして、田中さんだけにしよう。

まったくもって論理的な思考だということがわかるだろう。そのことを明確に感じてもらうために、論理学風に、命題の要素をＰとかＱで表し、「ならば」の記号も用いながら、上の①②③を書き直してみると、

①　　$P \Rightarrow Q$
②　　$Q \Rightarrow R$
③　　$\therefore P \Rightarrow R$

となる。これを横並びにしてみれば、

　　$P \Rightarrow Q, \ Q \Rightarrow R \quad \therefore P \Rightarrow R$

となって、ＰとＲの間でつなぎ役のようにあるＱを飛ばして（スキップして）しまえば、たしかにＰとＲは直に結びついて、結論の命題が導かれる。三段論法の一丁上がりである。

三段の順序？

　ちょっと待って！とここで言った人はどれくらいいるだろうか？　この三段論法、いかにもそれ風に見せているけど、その前に言っていた**「ソクラテス」**のと三段論法とは**別物**では？なぜなら、ソクラテスの三段論法なら、順序が違うはずだから…。その通り、ソクラテスが死ななければならないとの帰結は、こんな風に導かれるのだった。

① すべての人間は死すべきものである。
② ソクラテスは人間である。
③ ∴ソクラテスは死すべきものである。

これを、（別の記号を用いて）X、Y、Zと⇒で書き表すならば、

① X⇒Y
② Z⇒X
③ ∴Z⇒Y

となることがわかる。内容を考えてみると、①は「すべての人間」に当てはまる「死すべき」性質のことを述べていて、②は「ソクラテス」が「人間」というカテゴリーのメンバーであることが述べられていて、それゆえ、「ソクラテス」にも①の性質が当てはまるから「死すべき」存在であるとの③が導かれている[5]。なるほどこれを、先の面倒な人間関係のときのように並べてみても、

X⇒Y，Z⇒X

となるばかりで、何がどう導かれるのかさっぱりわからない。
　実はここで、**学校ではあまり教わらないのだが、①と②のどちらを先に述べるか？という順序は、三段論法の成否に影響しない**ことを知っていると楽になる。数学の集合を表す図を思い起こしてもらえれば、「死すべき人間」の絵を先に描いてからそのメンバーである「ソクラテス」の絵を描くのも、その逆に、「ソクラテス」の絵を先に描いてからそれを包み込むように「死すべき人間」の絵を描くのも、全体が表す意味と

5）このとき、カテゴリー全体に当てはまる性質を述べる文を「大前提」といい、あるメンバーがそのカテゴリーに属することを述べる文を「小前提」という。

しては同じことだと了解されよう。そういうわけで、①と②は順序を変えてもかまわない。すると、

$$Z \Rightarrow \underline{X}, \quad \underline{X} \Rightarrow Y$$

のような横並びに変わる。これは一見して、ZとYがXを媒介としてつながっている関係であるとわかる。そうなれば、

$$Z \Rightarrow X, \quad X \Rightarrow Y \quad \therefore Z \Rightarrow Y$$

となって、めでたく③を導くことができる。

　日常の暮らしの中で人々が使っている三段論法は、この（大前提としての）①と（小前提としての）②を入れ換えたタイプだと思っていいだろう。要は、3つの文（命題）があるとき、うち1つの述語（「⇒」の後項）ともう1つの主語（「⇒」の前項）とをつなげることができるなら、それぞれの主語と述語を「ならば」でつないでできる文（命題）は正しい、と言うことができる。そういう意味では、日常生活の論理としては、先に見た「面倒な人間関係」の、

$$P \Rightarrow \underline{Q}, \quad \underline{Q} \Rightarrow R \quad \therefore P \Rightarrow R$$

を「三段論法」だと思っていて問題ないということになる。それだと、**論理もずいぶん身近に感じられてくる**のではないだろうか？

11 ｜ 考えるスキル③：考えを導く方法

《目標＆ポイント》　書きたい主旨を支える推論の方法について、帰納、演繹、推理といった論理展開の形と構造を見ながら検討する。各タイプの仕組みだけでなく、活用する際の注意点も含め、実践の中で理解する。
《キーワード》　帰納、演繹、推理

1. 推論のタイプ

　ある前提から出発し、論理をたどりながら、ある結論を導くプロセスのことを「推論」という。前章で見た「三段論法」は推論の典型的なタイプと言えるし、また、命題の「対偶」も推論に利用することができる。本章では、推論の型として３つを取り上げる。名前だけ先に紹介しておくと、「帰納」「演繹」「アブダクション」の３つで、帰納と演繹については学校教育でも取り上げられるので記憶にある人もいるだろう。「アブダクション」は初耳という人が多いと思う。訳語としては「仮説形成（法）」や「仮説的推論」などを見るが、実は"名探偵"の「推理」というのが多くの場合これである。

　３つのうちで論理的に最も強力なのは演繹だが、確実な論理として**必然的にそうなるというのは、実は「言い換え」のようなケースが典型**であるため、問題を"外"に開いていくような力は意外に発揮されにくい。他方、私たちが何かを論じながら主張を形成していくときには、たとえ**ば多くの事実や現象を観察し、それらに共通する性質や特徴がないか**を

考えたり、ある出来事に関わっている相互に独立した様々な事実を矛盾なく解釈できるような説明を考えたりすることも、欠かすことのできない手段となる。こうしたことを念頭に置きながら、以下、帰納、演繹、アブダクションの順で見ていく。日本語だと名称もばらばらな印象だが、英語では各々、induction、deduction、abduction で、"〜に導く""〜から導く""離れて導く"という意味合いである。内容をイメージしやすいのではないだろうか？

2．帰納―ボトムアップの現実主義者―

　まず「帰納（法）」から考える。これは、**具体的な事例を観察したり集めたりし、そこにある共通点を探したり法則性を見出すことを通して、より一般的な結論を導く方法**である。**個別から一般**へという方向性が"〜に導く"のニュアンスであり、言い換えれば**"ボトムアップ"的な推論法**ということになる。

　私たちは生活の中で非常にしばしば帰納法のお世話になっている。たとえばゴミの収集日、自治体によって何時までにゴミを出すという目安が決められていたりするが、それにかかわらず人々は、自分のところでは何時ごろに出せば間に合うかを知っている。ゴミ収集車はいつも同じルートで回っているため、どの箇所の通過時刻も日による変動はそうないからである。こうした判断の基盤を「**経験則**」と呼ぶことがあるが、経験則は**帰納法的推論によって得られた規則性**のことである。

　生活ばかりではない。経験則は学問の基礎ともなっている。**現象の観察や事例の収集に基づいて法則を立てるような学問**はどれもそうだと言っていい。白然科学がわかりやすい。日の出／日の入、月の出／月の入を毎日観察していれば、太陽が姿を見せる方角、姿を隠す方角はどちらも一定の幅の中に収まっていることがわかる。月についても同様であ

る。そこから観察者は、太陽と月の運動に関する予測を可能にするような「法則」を見出すことができる。さらには、太陽や月が出たり沈んだりする位置が毎日少しずつ変化するのと合わせて、昼と夜の長さが変化し、気温が変化し、等々の現象が観察され、ついにはそれらがある周期ごとに反復することまで突き止めるかもしれない。そのようにして見出されたものが**自然界の法則**と呼ばれることになる。

　社会科学や人文科学と呼ばれる領域でも帰納法は大いに活躍する。たとえば人類学者が様々な共同体は世代を超えてどのように維持されているかを知りたいと思えば、各共同体における婚姻の形態をつぶさに観察するだろう。配偶者がどういう関係の集団から来ていて、血縁のある場合にはどのような関係の場合があってどのような場合がないか、等々を把握する中で、その共同体における婚姻関係のパターンを一般化することができる。それをさらに共同体間で比較し、ある地域全体におけるパターンに法則性が見出せれば、さらにはそこから、人間にとっての婚姻ということの意味が読み取れるのではないかと考察をする、というところまで深められるかもしれない[1]。

帰納法の弱点とその克服

　これだけ大活躍の帰納法だが、実は**原理的な難点**を抱えている。1つは、**自分自身では帰納の正しさを証明できないことである**[2]。自然現象の規則性などはすでに証明済みと思われるだろうが、それらは帰納法の内部で証明されたのではなく、他の様々な観察や理論からの検討によって、正しいことが裏づけられたからである。もう1つは、帰納が推論で

---

[1]　20世紀最大の人類学者と言っていいレヴィ・ストロースはそのような仕事をした。

[2]　あり得るケースのすべてを網羅し、なおかつ仮定された規則性が当てはまっていれば、その帰納は結果的に正しかったと言える。しかし、その場合でさえ、正しさの根拠は、推論の仕方にあるのではなく、"もうそれ以上数えるものがない"という外的な理由にある。

あるかぎり、観察された数のデータからの「一般化」をしなければならないが、**データがどれだけあれば一般化に十分だと判断できるかの基準がない**ことである。特に、**不十分な数の例から誤った一般化をしてしまう「早まった一般化」**はその典型の１つである。日常のコミュニケーションでよく聞く例は、車の運転などに関して、

　「昨日まで事故に遭ってないんだから今日も大丈夫だよ。」

というのがある。縁起でもない話で恐縮だが、これを「昨日まで死んでないから今日も死なない」という一般化に置き換えてみると、不適切さがよくわかるのではないだろうか。事故に遭っていなかったり死なずに済んでいることには、そうならないように気をつけているとか性格的に慎重であるといった背景はあるかもしれないが、昨日までそれがなかったということが何かの根拠になるわけではない。**帰納法はある仮説に合致する事例の存在に基づくが、事例の存在が根拠の正しさを保証するものではない**ので注意する必要がある。

　帰納的推論に生じやすいもう１つの難点は、**事例の集め方に偏りが出て不適切になりやすい**ことである。研究などで最も問題になるのはこれで、たとえば、こんなケースはどうだろう？　次の選挙に人々がどれくらい関心を持っているかを調べたいと思った人が、ちょうど行われていた政治的な集会の会場で参加者にアンケートを取ったとする。「次の選挙に関心がありますか？」との問いに、多くの人が「ある」と答えた場合、このことから人々は次の選挙に高い関心を持っていると結論していいだろうか？　不適切である。政治的な集会に来ている人というのは政治的な関心が高い人と考えていいだろう。その人たちに選挙への関心を尋ねたなら、「関心がある」と答える人が多いのは当然と言える──下

178

手をすると、本当は関心があまりなくても、政治集会に来ている以上「関心がない」と答えるわけにはいかないと思って「ある」と答える人さえいるかもしれない。もう1つ例を挙げると、「血液型性格分類」を広めたいと思っている人が、自著に付けた読者カードや講演会の参加者を対象としてアンケート調査を行って、自説の検証をしようとする場合はどうだろう？　もちろんこれも不適切である。そうしたタイトルを冠した本を購入したり講演会に参加したりする人は、その説をすでに信じていたり好意的である可能性が高いから、その人たちを対象にアンケート調査をしても、その説に反する回答は出てきにくいからである（ちなみにこれは実際にあった話）。では次の問いはどうだろう？

Q.
次の帰納法的推論は適切だろうか？

　女性の社会参加を促進する環境がどの程度整備されているかを調査したいと思った人が、子育て支援など企業の福利厚生制度に着目し、インターネットを使って検索しながら、企業のウェブページで公開されている内容を調査しまとめた。

A.
　やや応用問題という感じだが、これも適切とは言えない可能性が高い。なぜなら、インターネットで検索にかかりやすいのは大企業であり、また広く情報を公開しているのも大企業が多い。福利厚生とは通常の賃金以外のサービスや金銭の提供のことであり、一般的に経営基盤が大きく経済的に余裕のある大企業で充実しやすい傾向がある。大企業に比べて経営体力のない中小企業では、福利厚生の水準は全般的に低いこ

とが予想される。さらに言えば、インターネットの検索では、検索した語などがヒットしなければ表示されないから、そうした制度が整備されていない企業の情報はそもそも得ることができず、整備されている企業が多いかのような印象が誤って形成されてしまう懸念がある。そうした意味で、この問いの手法は、**選び出したサンプルが全体を代表しておらず、不適切である**。このことを「**不適切なサンプリング**」という。

　このように、事例（＝サンプル）をどこから取るかに関する問題はつねにあり、それによって結果が大きく左右されてしまう。レポートでも論文でも、何かを調べたいと思ったときに、とにかく「アンケート調査」をしようと思う人が多い。**アンケートという手法は実は帰納法である**。なぜかアンケートは簡便と思っている人が多いのだが、しかし、信頼に足るアンケートを作って実施することはまったく容易ではない。**回答者の集団や属性は大丈夫か？**ということをつねに考え、**過剰な一般化をしていないか？**とつねにチェックしている必要がある。アンケートの数字が何を意味するかの解釈も主観的になりがちであるため、正しい意味の読み込みは統計的な手法を用いて行わなければならない。

　いろいろ難しさのある帰納的推論だが、１つ**比較的安定的な展開**のパターンがある。それは、

① 　それまで得られた**観察例に共通する特徴**があり
② 　**状況に特段の変化がなければ**その特徴はそれ以後も持続するものと見込まれる

という２つの条件が満たされる場合には、同じ特徴を有する現象なり事例なりがこれまでも今後も続くと予想されるため、それを一般化して論じることが可能となる。１つ例を挙げよう。

　いま日本では全国的に「空き家問題」が生じている。2008年時点で全国の空き家率は13.1％で、空き家率も年々高まっている[3]。空き家が増えている要因は全国的に共通のものがあるようで、全般的な住宅の供給過剰があるところに、高齢化した家の所有者が死去した後、相続権を持つ親族が、相続税や維持管理の負担を嫌って相続放棄したり、相続はしても相続者が複数いて意見がまとまらずに処分できなかったりするためであると言われる。空き家増加の背景にあったこれらの要因は、今後急速に変化するとも思われない。もしそのように考えるなら、今後も空き家問題は続くだろうという一般化をしたくなる。**これまでの事例を帰納法的に将来にまで投影する考え方**である[4]。

　このように帰納（法）は、原理的な問題もあるが、**経験から一般化して考えるという現実主義的な推論法**であることがわかったと思う。**早まった一般化と過剰な一般化につねに注意をしながら使うならば、有効かつわかりやすい手法である**と言うことができる。

3. 演繹─トップダウンの合理主義者─

　演繹は、帰納とはまったく雰囲気が異なっている。**出発点としてある前提を認めたら、そこからは必然の展開として結論までが導かれる。**文字どおり"～から導く"という一般から個別への方向性で、**個別の事例はすべて一般則のうちに包含される。"トップダウン"の推論**と言っていいだろう。この推論の特徴は、見るからに厳密であるところにある。だ

3）「自治体の空き家対策に関する調査研究報告書」（公益財団法人東京市町村自治調査会）2014年3月、より（以下同）　その後、2019年に総務省が発表した2018年10月時点での調査では、過去最高の13.6％を記録した。

4）これに対して、「空き家対策特別措置法」（2015年2月施行）のような政府の空き家対策によって、問題のある空き家が減って更地になったり売却や賃貸に供されるようになるとの見方もある。この場合はもちろん、帰納法的推論が当てはまらない。対策が功を奏するかどうかは、危険な空き家と認定されると固定資産税の優遇が受けられなくなる等の措置がどの程度現状変更を促進するかにかかっているだろう。

が、**厳密なのは論を展開するときの帰結の導出法**であって、そのことが前提の正しさを保証するわけではない。導出が正しいからといって内容まで自動的に正しいとはかぎらないことに注意する必要がある。また、厳密さと表裏をなすことでもあるが、必然の正しさというのは論理的言い換えのようなところがあって、究極的には同語反復のような言うまでもない"正しさ"に収斂されるような傾向がある。ということは演繹には、**論理によって視界を開いていくような力**はないのだろうか？

　ここでは、1つの例を見ながらそれらの点を考えていきたい。前章で、「対偶」という関係について見た。そして、対偶によって意外な論の展開ができるかもしれないと予告しておいたように、**対偶の強みは、思考の正しさを変更することなく"跳躍"させてくれるところにある**。かなり応用的だが、次の問いを考えてみてほしい。

Q.

次の主張の導き方は論理的に正しいだろうか？

　　誠実な人は、何事にも手を抜かないから、勤勉である。一方、学校でも職場でも、場当たり的な人というのがいるが、いつもその場しのぎのようにしか事に当たらないから、およそ勤勉とは見えない。そう考えると、場当たり的な人は誠実ではないと言うべきなのだろう。

正誤について判断をし、その理由を説明してみよう。

A.
　　　　　　　　　　　　　　　　　　　　　　　　　　　　

　見るからに難しそうで、一読しただけでは、正しいとも正しくないともわからないというところだろうか。たしかにそうだが、まずキーワードをしっかり拾うことを心がけてみよう。「誠実」と「勤勉」と「場当たり的」という３つの言葉が、それぞれ２回ずつ出てくるのが怪しい。そこに着目しながら、枝葉を落とし、論理の骨格だけを抜き出して並べてみよう。

① 　誠実な人は勤勉である。　（P⇒Q）
② 　場当たり的な人は勤勉でない。　（R⇒〜Q）
③ 　∴場当たり的な人は誠実でない。　（R⇒〜P）

このようになる。前章で出てきた「三段論法」の形式に合致するか試してみると、①〜③を順に並べた

　　P⇒Q、R⇒〜Q、R⇒〜P

は全然つながらないように見える。これでは話にならず、よってこの論理は誤りである、というふうに考えたくなる。
　ここでもう一度、三段論法の話を思い出してほしい。３つの要素があるとき、うち２つの要素をつないで他の１つの要素を導くことができれば、三段論法は成り立っていた。そしてもう１つ、「対偶」のことも思い出してほしい。X⇒Yと〜Y⇒〜Xとはつねに同じ意味であり、つまりはつねに言い換えることができるのだった。一見しただけでは全然つながらないように見えても、対偶を取ってみたら実はつながっている、ということも十分あり得ることになる。ではそこで、「対偶」をヒント

に上の①〜③をもう一度見直してみてほしい。

　まず、①からの流れはQを導いており、そして②の対偶をとるとQ⇒
〜R（勤勉な人は場当たり的でない）となり①につなげることができ
る。すなわち、

　　　　P⇒<u>Q</u>、<u>Q</u>⇒〜R

となる。次に、間のQを消して両端をつなぐと、

　　②′　P⇒〜R　　（誠実な人は場当たり的でない）

が導かれる。これは③ではないが、落ち着いて見比べてみると、②′の
対偶は、

　　②″　R⇒〜P　［＝③］　（場当たり的な人は誠実でない）

となって、実は③と同じであることがわかる。というわけで③が導かれ
る。対偶を取って云々など、操作的な印象があるかもしれないが、問い
の文章に沿いながら考えると意外に自然であるとも言える。すなわち、
「誠実な人は勤勉である」の次に「場当たり的な人は勤勉でない」が来
ているのを見た段階で、後者を対偶の形に変えれば前者につなげられる
（「勤勉な人は場当たり的でない」）と判断できる。そうすれば、「誠実
な人は場当たり的でない」ことになるので、もう一度対偶を取って前後
を入れ替えれば結論に達する。

　こうして、このケースでは、「誠実な人は勤勉である」から出発して
「場当たり的な人は誠実でない」を導き出した。**演繹（法）であって**

も、**対偶を取ることで論理の展開を豊かにすることができることの１つの例**と言えそうである。ここでもう１点確認しておきたい。上で、演繹の注意点として、内容の正しさが自動的に保証されるわけではないと述べた。いまのケースはどうだろうか？　前提と結論の内容も正しいと言えるか、考えておこう。

　前提の「誠実な人は勤勉である」は、おおむね頷けるのではないだろうか。では、結論の「場当たり的な人は誠実でない」はどうだろう？　前提と同様に、おおむね頷けると言えるかと問われると、少々答えにためらわれないだろうか？　場当たり的というのはたしかに少しだらしないような印象を受けるが、だからといって「誠実でない」とまで言うのはちょっと言いすぎだと感じる人もいるだろう。原因の１つは、「誠実」ということの意味内容が、実はそれほど自明ではないことにある。

　けれども、「誠実」ということを、一つ一つの事に当たる当たり方の表現だと考えるとしたら、いちいち手を抜かないありようであるわけで、それが「勤勉」ということなのだと言えなくもない。そして、もしそのようなとらえ方を承認するならば、事の当たり方がいい加減な「場当たり的な人」は「誠実」でないことになる、ということをこの演繹は表していることになる。これはこれで面白いとも言えないだろうか？「誠実」の意味次第で前提がおかしくなる可能性は認めた上で、**ある意味によるとらえ方を認めるならばこのような帰結が導かれると示すことで、「場当たり的」ということに新たな意味を与えることができる推論**だからである。それはそれで、１つの"**発見的**"な力だと言うことができよう。どちらの考え方に共感するにせよ、**演繹法はこのように論証の形式が強力**だという特徴をもっている。

4.　アブダクション―想像力と仮説で推理する―

　3つ目として「アブダクション」を取り上げる。「仮説形成（法）」「仮説的推論」といった訳語もあるが、日常の言葉で「推理」とか「推測」と呼んでいるものとそう違うわけでもない。それなりの方法的意識と根拠があり、結論としての判断にもそれなりの確からしさがあるということで、**必然性とまでは言えないが、ある程度の「蓋然性」を導く推論**のことだと思ってもらえればいい。

　「推理」という言葉を挙げたが、これは素人の推理よりも**名探偵の推理**を思い浮かべてもらった方がいい。名探偵として多くの人が思い浮かべるであろう名前の1つに「シャーロック・ホームズ」があるが、ホームズについては彼の推理を考察した本がいくつもあり、またそれは、私たちが多少なりとも日常生活の中で活用している方法の最も研ぎ澄まされた例と言えるようなものでもある。以下、そうした本の1つを参照しながら（内井惣七『シャーロック・ホームズの推理学』）、どのようなアブダクションによってどんな蓋然性が得られるかを考えよう。

　まず、ホームズの仮説形成の実際を1つ見ていただこう。バスカヴィル卿が変死をとげた後、相続人である甥（おい）のヘンリーに対して送りつけられた警告文をめぐる推理である。警告文は、新聞記事から単語を切り抜いたものを貼り付けて作られていた。

　　ご覧のように、宛名は雑な活字体で書いてあります。しかし、「タイムズ」は教養の高い人しかめったに読まない新聞です。したがって、こう考えていいと思います。つまり、手紙は、教育のある人物が教育のない人間になりすまして書いたものだと。そして、自分の筆跡を隠そうとするところを見ると、その筆跡をあなたが知ってい

る者か、いずれあなたにわかってしまう者でしょう。また、単語は
まっすぐ一列に貼ってなくて、一部のものが、とび出たりしてい
る。たとえば、「命」などはずいぶんはみ出しています。相手が無
神経であるか、あるいは興奮したりあわてていたりしたかが、これ
でわかります。全体としては、ぼくは後者のほうに傾いています。
なぜなら、事態は明らかに重要だったはずだし、無神経な人がこん
な手紙を書くとは考えられないからです。もし急いでいたとする
と、なぜ急ぐ必要があったのか、という興味深い疑問が現れてきま
す。なぜなら、早朝までに投函された手紙は、ヘンリー卿が宿をた
つ前にとどくからです。発信人は邪魔を恐れたのか、そして発信人
は誰か？

　　　（『バスカヴィル家の犬』第四章［内井 1988、p. 95より引用］）

おなじみのホームズの推理だ、と思うと同時に、凡人の考えることとは
そもそも質が違うのではないか？と思う人もいるだろう。もし質が違う
のであれば、ホームズは凡人がしていないことをしていることになる。
ホームズがここで何をしているか、解きほぐしてみよう。
　よくホームズが口にする言葉の１つが「**観察**」である。ホームズが見
ているものを、しばしばワトソンは見ていない。見えていなければ推理
のしようもないわけだから、それでは真犯人に迫ることはできない。
「観察」からは「推理」が導かれる。ホームズにとって推理は、観察か
ら導かれるいくつかの仮説のうちの、最も確率の高いものである。上の
引用は４つの観察とそれぞれからの推理を含んでいる。推理は、観察か
ら直接導かれるものと、それらをさらに総合したものというふうに、い
くつか水準がある。それらをまとめて示す。

	〈観察〉	→	〈推理〉
	宛名は雑な活字体である	→	筆跡を隠そうとしている
	「タイムズ」紙である	→	教養のある人が読む新聞

↓ 教育のある人がない人を装って書いた
　筆跡から特定されやすい人物である

貼り付け方に乱れがある	→	急いでいたか慌てていた
警告文はヘンリー卿に届いた	→	急いでいた理由である

　論理的な観点からすると「**推理**」は「**演繹**」ではない[5]。だから、観察から導かれる仮説はいくつもあり、その中から確率の高いものを選んでいる。それはどうやって選ぶのだろう？　ホームズの推理のもう１つの特徴は、**最終的に選ばれたもの以外の候補を消去すること（消去法）**にある。いまの推理でいえば、４つの消去法が隠れている。

　　雑な活字体は教育がない故ではない
　　必要がなければ筆跡を隠さないはず
　　このような手紙を書く人物は無神経でない
　　急ぐ必要がなければ急がないはず

実は、消去法は推論においてよく用いられる１つの手段である。

　　消去法（ＡまたはＢである。しかしＢでない。よってＡである。）

5）ホームズの推理小説で日本語の「推理」と訳されている単語が原文で何かを調べると、実は１つではなく多様であり、deduction、reasoning、reason(s)、inference(s) などであることがわかる（『英辞郎 on the WEB Pro』にて検索）。reason(ing) は「説明」ぐらいの意味だが、deduction だと「演繹」と同じである。実際にはアブダクションは総合的な「推理」であり、部分ごとの推論には帰納法も演繹法も利用される。

そしてホームズは、観察から導けそうな可能性を頭の中に列挙した後、「しかしBでない」に当てはまるものを次々と消去して、最後に残った候補を推理の結論として示すのである。

　ひるがえって、**凡庸な私たちも日常生活で消去法による推論を盛んに利用している**。たとえば、待ち合わせた友人が時間になっても現れず、連絡もつかないときに、私たちはこんな推理をしないだろうか？

　　携帯に電話しても出ないしメールにも返信がない。待ち合わせに遅れることはない人だし、何か事情があれば必ず連絡をくれるはずだ。ということは、事故とか急病とか、何か良くないことが起こって連絡できずにいるのではないか？

ここに含まれている要素はホームズの仮説形成と同じである。まず観察があり、そこからあり得る仮説を立てる。そこから、消去法によって消去できるものを落としていって、1つの結論を得ている。**その結論は、必然ではないが、手持ちの材料から判断するかぎり最も蓋然性の高い仮説である**。そう考えると、凡人の私たちも実はホームズと同じことをしているのだ。では一体、彼の何が私たちと違っているのか？

　　ホームズがほかの人と顕著に違う一つの点は、いろいろな仮説を考えだすことができるという想像力の豊かさなのである。（内井1988: 88）

推論の話をさんざんしてきた最後に「**想像力の豊かさ**」と言われて、肩すかしを食らったような感じもするかもしれない。しかし、この見解は、ホームズの推理という枠を越えて、**優れた推論とは？** という問いに

対する答えとしても有効だと思う。

　帰納にせよ演繹にせよ、推論とは形式であり、その形に沿うようにしながら私たちは推論をしている。しかし、そこに乗せるべきものは内容なのであり、**過不足ない内容が思いつけなければ、形式だけ正しくてもどうにもならない**。いろいろな可能性を考えることのできる想像力があってこそ、形式も十分に機能する。同じように、アブダクションで想像力が重要なのも、それが蓋然性しか導けない推論だからではなく、あらゆる可能性の中で最もそうである確率の高い仮説を立てるために必要だからである。

　実は、学問研究でも同じことが言える。努力しても、いつも真実にたどり着けるとはかぎらない。ある１点が示せないために、**推論の全体を"真実"としてではなく蓋然的な"主張"としてしか提示できない場合も多い**。それは、不完全なのではなくて、推理小説で（真）犯人の自白という外的な根拠によって蓋然性が"真実"へと格上げされるのと同じように、示せないその１点が何か別の研究や調査によって明らかにされることを期待しながら"主張"として提出するのである。

引用文献

内井惣七（1988）『シャーロック・ホームズの推理学』（講談社現代新書）講談社

12 | レポートを書く①：論点の整理まで

《目標＆ポイント》 レポートなどを書くときの手順を検討する。書き始める ときの頭の整理という観点から、書く分量、書けるテーマ、書き出しといっ たいくつかの点について考え、実践の中で理解する。
【キーワード】 タイトル、問題意識、観点

1. 初めが肝心［テーマとタイトル］

　これまで学んできたことを最も実践的かつ総合的に応用する場となる のが、レポートを書くというプロセスである。一口に「レポート」と 言っても各人で思い描くものは様々だろうから、もう少し具体的にしよ う。分量としては2000字程度かそれ以上（大体Ａ４版用紙にワープロ打 ちで２枚以上、昔風に言えば400字詰原稿用紙５枚以上）、内容的には、 **あるテーマについて参考文献なども利用しながら何かを具体的に考察す るよう求めたレポート**、というものを想定してほしい。以下、実際のプ ロセスに沿う形で、タイトルを決めるところから、最後の考察に至るま でを見ていく。全体は長いので、タイトルを決め、問題意識と論点を整 理するところまでを本章で見る。その後の、情報を検索し、記事や論文 などを得て実際に考察する段階は、次章で扱う。

レポートとは何か？

　その前に、「レポートとは何を書くべきものか？」について述べてお

く必要がある。たとえば日本中の大学に共通する「レポートが満たすべき条件」といったものはないし、学問領域によっても、また担当教員の考え方によっても、かなりの幅があるのが実情と言える。しかし、第8章で文章の種類を解説したときに述べたのと似たような事情がここにもあって、主に小中の学校教育で行われていたことと、大学に入ってから求められることの間に、微妙な比重の違いがあるために、しばしば学生側で戸惑いの原因となっている。

　通学制の大学に勤務していたとき、期末のレポート課題を伝えると、学生から決まって出る質問があった。**「じゃあ、○△について、調べたことをまとめればいいですか？」**というものだった。実際に提出されたレポートでも、「○△について、調べたことをまとめることにする」という言い方をよく見かけた。それがどういう内容だったかというと、その「○△」というテーマについて本やインターネットで調べて得た情報の断片を、ただ並べただけ——接続語でいえば「また」や「次に」でつないだだけ——ということが多かった。その背景には、小中学校や高校で取り入れられている「調べ学習」という手法があるように思われた。あるテーマを立て、本やインターネットで、あるいは実地に調べ、調べたことをまとめるというものである。もちろん、本来の教育的ねらいとしては、その過程で、自分の頭で考える能動性や創造性を育むということがあるはずなのだが、実際にはそう容易なことではなく、**調べて得た情報を羅列して「まとめ」とすることになりがち**なのだろうと思われた。

　「調べたことをまとめる」のではないとしたら何なのか？　それをいつも次のように説明した。ここで「レポート」と呼んでいるのは、

　　自分で立てた問いに対して、
　　自分の手や頭で集めた材料を使い、

他人の頭をきちんと借りながら、
自分で答えを出すプロセスのこと。

この一つ一つが何を意味するかは、以下で見ていくので、ここでは掲げるだけにとどめる。比重の違いがどこにあるかというと、1つは、**問いに対して答えを出すプロセスである以上、"考える"ということが不可欠**だということである。そしてもう1つ、**自分で得た材料と"他人の頭"（＝すでになされた研究成果など）を突き合わせることで、単なる"自分の意見"ではない客観性を高める**ことができることである。大学で課される**レポートは基本的に、文章の種類としては「意見文」ではなく「説明文」**だということを、まず押さえてほしい。

　このことは、たとえば結論部で何らかの施策の必要性を主張するようなレポートだとしても変わらない。必要性の主張なら「意見」ではないかと思われるかもしれないが、そうではない。そのレポートは、ある現状を確認した上で、そのことでどのような不都合や危険が生じているかを述べ、それが本来実現されているべき条件や水準に照らして不合理であることを論じる中から、そうした現状を変えるための施策の必要性を導くような展開となるだろう。最終的な主張は書き手の意見でもあるのだが、それは、単なる個人的意見ではなく——もしそうなら、そんな施策は必要ないと思っている人を説得することはできない——、**ある公共的な根拠に根差した、書き手としては必然と考える結論として提示される**。そうした**必然を「説明」する**という構えである。

　少し関連するが、学生にレポートのテーマを考えるように言うと、「○△の長所と短所」や「○△は善か悪か？」といったものがよく出てくる。「長所と短所」は、基準を明確にすれば客観的にも述べられるが、そうしたタイトルを考える人は、結論として「○△を肯定するか否

定するか」を考えたいと思っている場合が多かった。善悪というのももちろんそうだが、それを考えるのは基本的に「意見文」である。レポートの課題自体に「…、自分の意見を書け」とあれば別だが、そうでなければ個人的意見としての主張が求められているのではないことに注意しよう。

書けるタイトル、書けないタイトル

　レポートのテーマを決めたら、具体的なタイトル（表題）を付けることになる。タイトルというものについて深く考えたことはあまりないだろうが、実は**タイトルは書き手の頭がどのくらい整理されているかを反映する**。タイトルの収まり具合が悪い場合は、書き手が問題をとらえきれていない可能性が高く、レポートの出来もよくない場合が多い。逆にいえば、見通しがよく自分でも中身が考えやすいようなタイトルを思い付けたかどうかで、自分の考えがどの程度整理されているかを自己診断することができる。

　では、見通しのいいタイトルとはどんなタイトルなのだろうか？　具体的に考えてみよう。

Q. ....

　「コミュニケーション」に関する授業を受けて、レポートを書くと
　仮定した場合、次の中で、レポートが書きやすいタイトルとそうで
　ないタイトルはどれだろうか？　それぞれ検討しながら考えてみよ
　う。
　(a)「コミュニケーションとは何か？」
　(b)「なぜコミュニケーションが必要か？」
　(c)「コミュニケーションが上手な人とは」

(d)「日本語と英語のコミュニケーションの違いについて」

(e)「若者たちのコミュニケーション問題」

(f)「ケータイ・メールのコミュニケーション上の特徴」

A.

　わかりやすさのために、見通しがよくレポートを書きやすいタイトルには○を、そのままでは書きやすいとは言えず修正したほうがいいタイトルには△を、レポートのタイトルには向いておらず薦められないものには×を、それぞれ付けて解説する。

　(a)は×である。「…とは何か？」という問いは究極の問いとも言え、それが×とは意外に思う人もいるかもしれない。しかし、「コミュニケーション」とは、私たちが生きているかぎり免れられない最も基本的な他者との関わりであり、それを「…とは何か？」で問うというのは、人生における他者との関わり全体を解き明かそうというくらいの壮大な企てだと言うしかない。何百ページかの本1冊をかけて考察するならともかく、レポートのタイトルとしては"大風呂敷"すぎで×である。さらに言えば、「…とは何か？」に対する答えの形は「定義」のようになるが、定義という述べ方は基本的に言い切って終わりであるため、問いを展開していくには必ずしも向いていない。

　(b)も×である。「なぜ」という問いも問いの典型であり、事実であることがわかっている事柄については必ず問うことができる。しかし、気をつけなければいけないのは、この問いが有効なのは、問う対象に適度な"謎"がある場合であり、逆に、事実であることが明らかな事柄については、「なぜ」を問うても仕方がない。(b)では「コミュニケーションが必要（であること）」が対象だが、上でも見たように人間はコミュニケーションなしには生きていけないのだから、その必要性はあまりに自

明と言うべきだろう。問いが問いとして機能しない可能性が高い[1]。

　(c)は×または△である。「コミュニケーションが上手な人」というのを自分のイメージで決めて、それについて何かを論じようとするなら、考察の対象自体を書き手の主観によって決めていることになり、客観性に欠けるから×である。「コミュニケーションが上手」と他人から思われるのはどのような人なのか？ということ自体を、たとえばアンケート調査などで浮かび上がらせたいということなら、可能ではある。「話が面白い」「人の話をよく聞く」「人をよくほめる」「まめに連絡をくれる」等々の項目を挙げながら、「コミュニケーションが上手」であることにとって欠かせないのはどれかを答えてもらう、といった調査を行って結果を分析すれば、コミュニケーション上手ということの"構成要素"を示すことができるかもしれない。ではなぜ△かというと、**こうした調査をするならそれなりの数を集める必要があり、また結果を分析するにも客観的な手法（統計手法）が必要**で、調査法的な知識も必要となるし、労力と時間の点でも現実的ではなさそうだからである。

　(d)は△である。日本語と英語は、文法的な仕組みもコミュニケーションにおける言葉の使い方も、かなり異なった対照的といっていい言語であり、「コミュニケーションの違い」も各所に見られると言っていい。しかし逆にいえば、この両言語ほど相違点の多い言語であれば、「コミュニケーションの違い」はむしろ当たり前とも言え、それだけではどの点を取り上げたらいいのかわからない。**"テーマが絞り足りない"**という言い方がなされる典型的なケースと言える。

　(e)も△である。「若者たちのコミュニケーション」と呼べそうなものはあるが、それが「問題」だと言うときの内実がわからない──「若者」がコミュニケーションに悩みを抱えているということなのか、ある

1）この「なぜ」を利用した書名で『できる人はなぜ……か？』のようなものがよくあるが、これらは、落ち着いて考えると「……」の部分が眉唾物であることが多い。本当は事実かどうかわからないことに、わざと「なぜ」の問いをかけることで、あたかもそれが「事実」であるかのように見せる演出と考えた方がいいだろう。

いは他の世代とのコミュニケーション・ギャップという問題があるということなのか、等々。もっとも、これについてはタイトルですべてわからなければいけないということではなく、本文で具体的に述べればいいとも言える。むしろ、「問題」というのが、何かを論じた後でそう名付けているならいいが、はじめからそう決めているのだとしたらよくない。

(f)は一応○である。他と比べて、言葉が地味で目立たない印象があるかもしれないが、それは問題ではない。「ケータイ・メール」とは携帯電話で打つメールのことで、そう明示されることによって対象が電子メールの中でも範囲が特定されているし、そのような限定がかかったものについて「特徴」を考えたくなるのは自然なことと言える。具体的にどんな点に着目することになるかについては次で見るが、○に「一応」と付けたのは、「特徴」がたくさんあった場合には焦点が絞れなくなるからである。もし、**着目したい現象などがすでにあるなら、そこまでタイトルに入れてしまった方が明確になる**。たとえば、ケータイ・メールで多用される「顔文字」が何のために使われるのかを知りたいと思ったとしたら、タイトルにも入れてしまって、

(f')「ケータイ・メールのコミュニケーションにおける顔文字について」などとしたほうが読み手にも伝わる。

テーマは具体的に

たかがタイトル、されどタイトル、と感じてもらえたら幸いだが、多くの人がもっているであろう「何を書いたらいいのかわからない」という悩みに対する処方の1つとして、**「考えているタイトルは十分な具体性をもっているか?」**を自問するという方法は有効だと思う。レポートというのは、何か自分で考えたい具体的な問いを立て、それに答えを出

すまでの手順を説明せよと言われているようなものであり、実は具体性が鍵となる。上の例でいえば、(a)(b)は抽象的すぎ、(c)(d)は一段限定がかかっているが漠然としており、(e)は限定の仕方が曖昧、と言うことができ、**どれも何らかの意味で十分に具体化できていない**という共通性がある。最後の(f)だけ、「ケータイ・メールの」と限定が付くことで他のコミュニケーション手段との差異が問題となることがわかり、さらには、(f')のように「…における顔文字について」とまで明確になれば十分な具体性を得られる。

　このことと関連して、あまり理解されていないように思われるポイントがもう１つある。それは、

　　　"何について"と"何を"は違う。"何を"考えたいかを考えよ。

ということである。この言い方を使えば、先の(a)や(b)が実は「コミュニケーションについて」と言っているだけで、「コミュニケーションについての何を」考えたいかが不明であると指摘することができる。また、(d)や(e)も典型的なケースと言え、**それについての"何を"考えたいかという具体のレベルにまでもう一歩降りることが必要**である。たとえば、(d')「日本語と英語のコミュニケーションにおける褒めの相違」や(e')「若者のコミュニケーションにおける言葉の短縮」のような、対象とする具体的な事例を１つ決めることができれば、その条件が満たされることになる。「何を書いたらいいのかわからない」と思ったとき、自分が"何について"まででよしとしていないか？その先の"何を"具体的に考えたいのか？と自問してみることをお勧めしたい。

　「一応○」だった(f)も (f') となって「一応」が取れることになるが、もう一度見ると最後が「について」となっている。「について」であれ

ばその"何を"を考えることができるはずだから、そこまで行けるか考えてみる価値はある。「顔文字について」何を考えたいのだろう？　顔文字という記号のようなものが世の中に広まっているが、そもそもあれは必要があって広まっているのか？別になくてもかまわないものを遊び心として使っているということなのか？といった疑問を持っているかもしれない。ならばそれもタイトルに入れてしまおう。

　　　(f")「ケータイ・メールのコミュニケーションに顔文字は必要か？」

たとえばこんな具合になる。「必要か？」とあるが、そのことについての「私の意見」を書こうというのではなく、**顔文字が使われていることについて、問題を整理し、記事や研究などを調べた上で、必要性について考察しよう**ということである。
　大げさと思われるかもしれないが、具体的で見通しのいいタイトルが考えられたなら、そのレポートの行く先はかなり明るいと思っていい。では、以下、この(f")のタイトルのレポートを書くつもりになって、手順を追っていくことにしよう。

2. 問いを立て論を構想する［問題意識と論点整理］

　「顔文字」というキーワードが登場しているので、まず確認しておきたい。顔文字というのは、（ ）や - / ; ^ といったキーボードで入力できる記号素片を組み合わせて、人の顔の表情や仕草に見えるように作られる記号である。特に決まりがあるわけではないが、

　　(^ ^) (^O^) ^ ^;　　笑い系

　　(T_T) (;_;)　　　　泣き系

　　m(_)m　　　　　　詫び系

のような、いくつか基本的な表情として定着したものがあるのに加え、様々な組み合わせによって微妙なバリエーションを表す記号が非常に多く存在している。

　　(・∀・)(＊´∀｀＊) ＼(^ω^)ノ

　　(・ω＜)(^_-)-☆

　　(T д T)(+o+)

　　(・o・)(゜_゜)

　　(´・ω・｀)(´゜д゜｀) アチャー

最後の例のように、脇に声や擬態語が添えられたものや、複数の記号が組み合わされて長くなったものなど、すべてを合わせるなら大変な数になる[2)3)]。

　こうした顔文字は「ケータイ・メール」でよく使われることが知られているが——この点は出発点の「事実」として置かせてもらおう——、このことについて、**何らかの必要があって使用が広まったのか、遊びや飾りのようなものとして流行しているにすぎないのか**、という問いがタイトルの意味である。良いレポートを書く条件の1つとして、**初めにそうした問いを明確な形にしておくこと**が挙げられる。より本格的な研究では「**研究課題（リサーチ・クエスチョン）**」と呼ばれたりするが、レポートでは「**問題意識**」といった言い方でいいだろう。どのような問題意識として立てればいいだろうか？　この部分は書き手自身にとっての備忘録でもあって、書いているうちにたまたま手に取った素材に引きずられて論が脱線してしまうといったことを防いでくれるので、きちんと考えたい。ここは箇条書きでいい。たとえばこんな具合になる。

2）インターネット上には顔文字を集めて紹介や提供をしているウェブサイトがいくつもあり、それらには収録集として数千〜1万数千という数字が書かれている。
3）細かい話だが、「顔文字」と「絵文字」は別物である。絵文字というのは文字どおり"絵"であって、1文字分の大きさでカラーの笑った顔や怒った顔の記号を選んでそのまま文中に貼り付ける。印刷教材改訂中の2020年現在、勢いはすでに絵文字に移っていると見えるが、ここでは「顔文字」だけで進めていく。

⑴　ケータイ・メールは、顔文字や絵文字のような視覚的要素を非常に発達させた。

⑵　そのことは、ケータイ・メールが比較的親しい間柄でやりとりされる手段であることと関係するか？

⑶　顔文字は、なくてもかまわないものなのか？　それとも、ないと何か支障をきたす道具なのか？

　タイトルだけでは表しきれていなかった問題意識がいくつか明確になっている。⑴では、顔文字が携帯電話でやりとりされるメールにおいて特に発達したことが前提として確認される。⑵では、携帯電話という道具の特性との関連が提示されている。携帯電話は、連絡や簡単な事柄などを形式張らずにやりとりするという側面があり、そのことは相手との人間関係とも関係するから、人間関係が顔文字使用の要因となっている可能性を検討したいということである。⑶はタイトルそのままとも見えるが、顔文字の使われ方が一様であるか何かの要因によって変動するかがわかれば、何かの機能のために使われているかどうかも考えやすくなるだろう。

観点の整理

　次には、この**問題意識から具体的な論を展開するための観点**を抽出したい。⑴～⑶を見ながら、そこからいくつの、どんな論点をひきだせるか考えてみよう。

　まず⑴については、**ケータイ・メール以前にあった対人コミュニケーションの手段と比較しながら、ケータイ・メールの特徴**を考えればいいだろう。人とのコミュニケーションの取り方には、直接の対面、電話、手紙、パソコンからのメール（以下「PCメール」とする）といったも

のが従来からあった。そこに携帯電話の普及に伴って、携帯電話で打つメール（ケータイ・メール）という手段が加わった。これらの手段を比較したとき、ケータイ・メールにはどんな特徴が見られるだろうか。まず、**コミュニケーションの直接性の度合い**に相違があるだろう。最も直接的なのが言うまでもなく対面で、次いで電話が、顔は見えないが声は聞こえる程度の直接度となる。一方、最も間接的なのが手紙で、文字情報だけが、しかも１～２日遅れて届く。PC メールは同じく文字情報が基本だが、遅延はなく送信したら瞬時に届く。顔文字についていえば、PC メールでも見かけることがある。だが、日常的な印象でいえばケータイ・メールでの頻度が圧倒的である。ケータイ・メールは中間に位置すると考えられ、対面的コミュニケーションほどの直接性はないが、手紙やPC メールよりは簡便で、短いやりとりをいくつか重ねる場合など、より"会話的"になると言えそうである[4]。

　次に、**コミュニケーションの持続時間**のようなことを考えることができる。対面や電話ではたとえば30分や１時間という時間が簡単に経つのに対し、手紙やPC メールでは、読むのは数分どまりとなる。ただし、書くのはそれよりはるかに時間がかかっていることが多く、手紙の場合なら何日もかけてということもある。ケータイ・メールの場合どうかというと、相手に届いたあとの持続時間は非常に短く、多くの場合数秒～10秒程度で、短い１文だけのような場合にはそれ以下ともなる。相手が早い応答（"即レス"）を期待している場合も多く、送る側は急いで送るという感覚で送る場合が多い。この２点に関する特徴を、比較して**表12-1**に掲げよう。大＞小のスケールで、◎＞○＞△の３段階にして書き入れる。

　対面と電話の特徴ははっきりしている。注意したいのは、**PC メール**

4）会話的という点では、「LINE（ライン）」と呼ばれるサービスが急速に普及している。そのコミュニケーション上の特徴はケータイ・メールとも異なり、考察対象として興味を引くだろう。「話し言葉」と「書き言葉」の中間的な性格の言葉という意味で、「打ち言葉」という言い方もされるようになった。

表12-1　コミュニケーション手段と直接度、持続時間の関係

	直接度	持続時間
対面、電話	◎	◎
PC メール、手紙	△	○
ケータイメール	○	△

や手紙とケータイ・メールとで、**直接度と持続時間の大小が反対の組み合わせになっている**ことである。つまり、PC メールや手紙では、直接性の度合いが低いが、持続時間はそれなりにある。つまり、間接的な分だけ、ゆっくり言葉を出していくことができる。それに対してケータイ・メールは、直接性の度合いがそれなりに高い、にもかかわらず、持続時間が非常に短い。つまり、基本的な観点として、

　a）ケータイ・メールは文字ベースだが、直接性では対面コミュニケーションに近い性質をもつ一方、持続性より瞬間性に傾く。

とまとめられる。そのようなケータイ・メールにおいて顔文字が発達したということである。この点は記憶にとどめておきたい。
　次に、先の(2)からの観点である。(2)は**親しい人間関係**ということに注目していた。そのことから、b）の点を確認したくなる。

　b）顔文字は、携帯電話という手段だけの問題ではなく、親しい人間関係と結びついて使われている可能性はないか？

そして、人間関係の親疎に関わりがあると仮定すると、親しくない間柄には顔文字が相応しくないと感じられる可能性が出てくる。自分自身の

内省からしても、もし親しくない相手から顔文字入りの短いケータイ・メールが来たら、あまりいい気持ちがしないように思われる。そこで、

> c）反対に、顔文字を親しくない間柄のやりとりに用いると、馴れ馴れしく不適切であると感じられないか？

というb）と表裏をなす観点を立てることができる。b）やc）については、自分を含め人びとの意識を尋ねることもできる。たとえば、ケータイ・メールをするとき、顔文字を使う相手と使わない相手がいるか？あるいは、親しくない人から顔文字の入ったメッセージが来たとき、何か感じるか？といった質問を身近な人たちにしてみるだけでも、論の方向性を測る助けには十分なる。

　⑶からの観点はどうだろう。簡単に言えば、**顔文字に必要性があるのかないのか**、ということである。必要性がある、と現段階で言える材料はまだないので、とりあえずは控えめな観点として立てておこう。

> d）親しい関係におけるコミュニケーションの飾りのようなものととらえていいか？

飾りであれば、付けたら何かしらの効果はあるかもしれないが、付けなくても特に支障はないことになろう。そしてもう1つ、もし特段の必要性がないならば、顔文字は日本語特有の現象である可能性が高くなる。逆に、日本語以外の言語でも見られるのであれば、何かしら必要性があって使われていると考える余地が大きくなる。次の観点を立てられる。

> e）顔文字は日本語に特有の現象か？

　必要性に関しては、自分でちょっとした実験をすることもできる。たとえば、顔文字を含まない短いメッセージだけのものと、同じメッセージで顔文字を含んだものを比べ、印象がどう異なるかを尋ねたり、あるいはそのようなメールを実際に送って、受け取った印象を後で尋ねるといったことも可能である[5]。あるいは、短い文だけの返事を送ったら、意図を取り違えられた、あるいは相手が心配して何か尋ねてきた──たとえば「何か怒ってる？」のような──ことがないか、また、顔文字をよく使うという人に、顔文字や絵文字を付けないと、自分の気持ちが伝わるか不安だと感じるかと尋ねてみる、といったこともできる。

　以上、(1)～(3)の3つの問題意識と、そこから抽出したa）～e）の5つの観点を得ることができた。ここまでを見ての印象はどうだろう？すでにこのレポートにはかなり具体的な論点が見えてきてはいないだろうか。実はこの点が重要である。初めをしっかり作っておけば、あとはその方針に従ってやるべきことをやっていけばいい。他方、初めを曖昧なままにしてタイトルや問題意識も不明瞭なまま取りかかると、進めば進むほど次の一歩が踏み出せなくなり「何を書いたらいいのかわからない」ということになりがちである。**レポートは初めが肝心**である。

　1点だけ付け加えておきたい。よく「レポートの書き方」として、「レポートは序論・本論・結論の3部構成で書く」というふうに書かれているのを目にする。間違っているわけではないし、第8章の"起承結"も似たところがあるが、形式上3部に分かれていることが大事なのではなく、その各部に何を書くかが重要であり、逆にそれが明確でなければ、いくら分けても良いレポートにはならない。また、このように分けるだけだと「本論」の部分が大きすぎ、それだけでは本論の内部をどう構成すればいいのかわからない。分けるならもう少し具体的に分けたほ

5）そういうことをする場合には人間関係に十分注意し配慮する必要がある。

うが全体像がつかみやすいように思う。次章でまた説明する。

　では最後に、本章と次章で説明するレポートを書くプロセスの流れを図にして掲げておく[6)]。

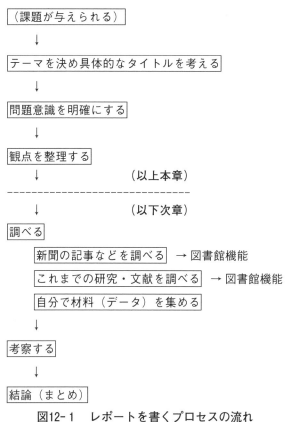

　図12-1　レポートを書くプロセスの流れ

6）もしこの図のプロセスを「序論／本論／結論」に分けるとしたら、序論が「問題意識」のところで、次の「観点を整理する」以降が本論になるのかと思う。「観点を…」までを序論としてもいいはずだが、それだとおそらく序論が長くなりすぎる。その程度の話である。

13 | レポートを書く②：調べる・考察する

《**目標＆ポイント**》　実践的な文章を書く際の自他の問題という観点から、先行研究や情報を調べて自分の問題意識と関連づけながら考察して結論に導くプロセスについて考え、実践の中で理解する。
《**キーワード**》　図書館機能、先行研究、考察

1.　何を調べるか―図書館機能を活用しながら―

　前章では、レポートを書くプロセスをたどりながら、テーマを決めて具体的なタイトルを考え、それの何に答えを出したいのかという問題意識を明確にし、さらにそこから論を進めていく際の観点を整理するところまでを見た。この章ではその先、具体的には、「調べる」と「考察する」を見る。言うまでもなくこの 2 つの部分は論の心臓部と言える。

　では「調べる」から始めよう。前章で触れた「調べ学習」でもそうだったが、**「調べる」という言葉は要注意**である。今どきインターネットで検索するだけなら 1 ～ 2 秒でできてしまうが、その中の適当なものを選び、よさそうな部分をコピーして貼り付けることを「調べる」と呼んでいいことになると、場当たり的でいい加減な "出たとこ勝負" のような話になってしまう[1]。インターネットでただ検索した場合でも、きちんと選んでいけばそれなりに意味のある情報は得られるが、ここでは、せっかく**レポートや論文を書くための支援ツール**として整備された様々

な手段があるので、それらを利用して進めていく方法を説明する。

　一口に「調べる」といっても、辞書や事典類を調べることもあれば、新聞や雑誌の記事を調べることもあり、法律関係ならば判例集を調べる場合もあるだろう。いずれも、目的次第では欠かせないステップとなる[2]。さらに、論文など学術的な文章を書く際には、そのテーマないし類似のテーマについて、それまでなされた研究があるか、あるとすればどんな研究が行われてきたかをチェックする必要がある[3]――「先行研究」という呼び方をする。ここでは、前章で取り出した観点で論を進めるために必要そうな2種類の資料を念頭に見ていくことにする。具体的には、新聞記事等の検索と、先行研究の検索の方法を解説する。

　実はこれらの情報検索は今や、**大学であれば図書館の機能に含まれている**ことが多い。近年の図書館は、本の閲覧や貸出のサービスをするだけでなく――放送大学では印刷教材と放送教材の閲覧サービスも大きな役割だが――、**各種辞書・事典類、新聞や雑誌の記事、研究論文や学術書、等のデータベースの検索サービス**を提供したり、**電子ブックや電子ジャーナルの閲覧サービス**を提供する"情報センター"的な役割を強く帯びるようになってきている。放送大学の図書館もそうした機能の強化に力を入れており、以下それを例に説明する。

1）こうしたやり方にはすでに呼び名があって、「**ググってコピペする**」と言われたりする。代表的なインターネット検索サイトであるアメリカ「グーグル社」の名前と、コピーしてペーストする（＝貼り付ける）ことを、略して合わせた言い方だが、これは、**良くない見本**である。

2）どのような種類の情報を調べることが求められるかは、学問領域などの性質によって大きく異なるので、注意すること。

3）なぜなら、**学術的**ということの**価値は公共性**にあり、公共的であるためには、独りよがりでないことを示さなければならない。**すでに行われた研究という公共財を踏まえた上で新たな調査や考察を行うという姿勢**と言える。

図書館の情報検索サービス

　次頁の**図13-1**は、放送大学附属図書館のウェブサイトのトップペー
ジである[4]。上の方に蔵書検索の簡易窓や図書館の基本的な案内ページ
への入口があるが、右下に降りていくと、それぞれにデザインされたラ
ベルのようなもの——バナーと呼ばれる——が配置されている。実はそ
れらが、"情報センター"としての機能の入口である[5]。

　一番上の「リモートアクセス」は、自宅など学外から接続するための
入口だが、IDとパスワードが要求される学内者向けサービスを利用す
る手順と同じである。大学として契約している有料サービスを利用する
にはIDとパスワードの入力が必要となる（どこの大学でも同様）。「聞
蔵Ⅱビジュアル」は**新聞社系の記事データベース**、そのほか、**高機能の
辞事典・叢書・雑誌サイト**である「ジャパンナレッジLib」、**国内外の
電子ブック・電子ジャーナルの閲覧**などができるようになる。

　「リブナビ」「リブナビプラス」は、放送大学図書館の活用ガイド
ブックである。前者は学部生向け、後者は主に大学院生向けだが、まず
は「リブナビ」で図書館活用法と情報検索法になじみ、先行研究の情報
などより詳細に知りたくなったら「リブナビプラス」にも当たってほし
い。**図13-2**は、リブナビのあるページに載っているクイズである。蔵
書検索（OPAC）、電子ブックの閲覧、新聞記事検索、辞書検索、研究
論文検索（CiNii）が実践問題として出されている。ぜひ6問チェック
してみてほしい。

　これらのサービスはそれぞれ独立のもので、利用者は必要に応じ何度
か検索を繰り返すというのが従来の手順だった。それが最近ではさらに
利便性が向上し、**統合検索のサービス**まで提供されるようになった。

4）内容やページのデザインなどは2020年2月時点のものであり、それ以降もさら
に拡充や変更があるものと思われる。他の大学でも、提供されるサービスの種類は
基本的にそう変わらないだろう。

5）本来の入口はまた別にあったりするが、トップページにバナーを貼って目立つ
ようにしている。

図13-1　放送大学附属図書館ウェブサイトのトップページ

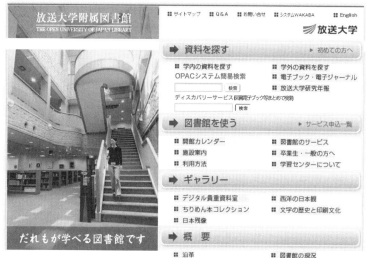

リモートアクセス：　自宅など学外からインターネット経由で、放送大学が契約しているデータベースや電子ジャーナルなどを利用できるサービス

リブナビ、リブナビプラス：　各々、放送大学図書館を活用するためのガイドブック、（主に）大学院生向けの情報検索ガイドブック（の電子版）

ManapiO（放送大学機関リポジトリ）：　放送大学の教員などによって放送大学で生産された学術成果を収集・蓄積し、公開するための電子資料室

CiNii：　国立情報学研究所が提供している学術論文や学術書のデータベース

聞蔵Ⅱビジュアル：　朝日新聞及び同社発行誌の記事データベース（新聞は1879［明治12］年まで遡ることができる）

日経BP：　日経BP社発行57誌の記事データベース［学内接続のみ］（ビジネス、コンピュータ、建設、サービス関連、医療関連）

210

図13-2　リブナビより　「調べてみよう！　図書館を使いこなす」

2014年9月から始まった「ディスカバリーサービス」がそれで、1つの検索窓に検索語を入れるだけで、**OPAC、電子ブック、電子ジャーナル、外部の論文・研究書等を一度に検索できる**ようになった（**図13-3**）。先の**図13-1**をもう一度見てもらうと、OPACの検索窓の下にもう1つ検索窓があるのがわかるだろう。そこがディスカバリーサービスの入口である。そこに自分の調べたい検索語を入れてボタンを押せば、この概念図にあるような横断的な検索を実行し、その結果を一覧にして表示してくれる。大変ありがたい。

　さて、それでは、いま見てきた図書館機能を利用しながら、レポートの作成を進めよう。タイトルは「ケータイ・メールのコミュニケーションに顔文字は必要か？」ということだった。

2 横断的に探す―ディスカバリーサービスを使う

■ディスカバリーサービスとは

放送大学附属図書館では、所蔵している図書・雑誌などを調べる場合は、OPAC（蔵書検索）で調べ、所蔵している場合は資料を取寄せ、ない場合は他機関から複写物や資料を取寄せたり出来ます。また、電子ブックや電子ジャーナルでは、それぞれの出版社や販売元のサイトで検索することより該当論文や読みたい書籍内容を探して、読むことができます。しかし、探したいものがあるときに、いくつものWebサイトを検索する必要があり、時間もかかり不便でした。そこで導入したのが、ディスカバリーサービスです。ディスカバリーサービスは、一つの検索ボックスから様々な学術情報（データベース）を一度に検索できる便利な情報探索ツールです。しかも、それぞれのデータベースにリンクするため、（閲覧可能な資料は）全文までたどり着くことができます。また、本学で導入したのは、EBSCO社のEBSCO Discovery Serviceというサービスです。

図1　ディスカバリーサービスイメージ

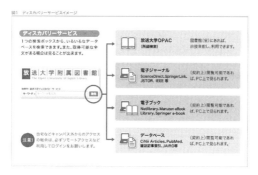

■他のデータベースとの使い分け

便利なディスカバリーサービスですが、特有の問題もあります。それは、個々のデータベースのデータはそれぞれのルール・方式で作成されているため、検索語の組み合わせや方法によっては、個々のデータベースでの検索結果と、ディスカバリーサービスでの検索結果が異なることがあります。
また日々、データも検索システムも世界規模で更新しているため、今日と明日の検索結果が異なる場合もあります。そのような面もありますが、図書と電子ブックなど形態にかかわらず、資料によっては本文の中まで検索できる強力なサービスです。万能ではないがとても便利なサービスという認識でご利用ください。
表1として、ディスカバリーサービスや他のデータベースを使い分ける際の目安を表にしました。
表2は、放送大学ディスカバリーサービスで検索できるデータベースです。（2014/10/1 現在）このデータベースの 一覧リスト（http://lib.ouj.ac.jp/search/OUJ_EDS_DB_list.pdf）は、ディスカバリーサービスのトップページから取得できます。

図13- 3　リブナビプラスより「ディスカバリーサービス」

2. 新聞記事を調べる

　メールの顔文字というのは一種の社会現象とも言え、使うことに賛成の人も反対の人もいるだろうから、そうした問題は新聞でも取り上げら

れているかもしれない。朝日新聞記事データベースの「聞蔵Ⅱビジュア
ル」で検索してみた。**検索語としては、「顔文字」と「メール」を両方
含んだ記事を検索**した。その結果、81件がヒットした（2015年2月5日
現在）。だが、これは機械的な語句の一致によって抽出されたものだか
ら、内容的にもこちらの関心に沿ったものとはかぎらない。内容をざっ
と追って、関係が深そうに思えた記事を4本拾い出した。古い順に並べ
る（記事情報の詳細は省く）。

①1999年8月　　「フェイスマーク　無害な私をわかってね」
②2003年5月　　「メールに顔や絵を入れる　遊び心で画面に彩りを」
③2006年2月　　「若い世代　携帯メールを使う意味は？」（投書欄）
④2012年3月　　「キャラ弁・顔文字…日本の文化　13年度、高校英語
　　　　　　　　の教科書で紹介」

　一番古い①は、顔文字の発祥などにも触れながら、顔文字が何のため
に使われているかを、歌人や編集者、タレントや学者などに話を聞きな
がら探った記事だった[6]。　一つ意外な発見だったのは、この記事が
「メール」ではなく主に「パソコン通信」における顔文字を取り上げた
ものだったことである[7]。パソコン通信とは、まだインターネットがな
かった時代に、利用者が電話回線を使って業者のネットワークに接続し
て、互いにお喋りや議論をしていたサービスだった。それと顔文字の関
係が深いということにどのような意味があるのだろうか。
　歌人は、パソコン通信に不慣れなころ手間取って、「遅い」と一言だ
け送られてきて驚いたエピソードを語っている。そしてこう述べる。

6）**顔文字はアメリカが発祥の地**で、1982年に :-) と :-(が初めて使われ（時計回
りに90度回転させると、それぞれ笑い顔と渋い顔になる）、**「スマイリー」**と呼ばれ
るようになったと言われる。「顔文字」全体を指す言葉としては 'emoticon'
（< emotion 感情 + icon 記号）がある。
7）そもそも、携帯電話にメール機能が付き始めたのが1990年代後半のことだった。

電話なら声色でニュアンスがわかるし、手紙なら意図が伝わるように書くけれど、ネットの通信は本当にいらついているのか、早くしてね、ぐらいなのかがつかめない。それを補うものとして広まったのでしょう。

パソコン通信は文字で会話をするようなものだから、応答はつねに速くなければいけない。速い応答のメッセージは短くなる。しかし、「**遅い**」**と一言だけ送られたメッセージは、ほかの手がかりがなさすぎて、ニュアンスがわからない。顔文字がそうしたニュアンスを補うという話はよくわかる**。記されたコメントもその延長線上で理解できる。顔文字は「考えようによっては敬語の一種。**相手を傷つけまいと使っている**」ものであり、"**無害**"**の印**であると述べる。

　理解は対立を含み込みながら深まるのに、ネットには「対立＝秩序を乱す」の図式がある。だから、無害を過剰に示そうとしてマークを多用する。

これらのコメントからは、**顔文字が、ネット上での通信という**条件と関**係しながら盛んになったという**経緯が読み取れそうな印象を受ける。
　次の②は、週末版の別刷りということもあって、趣味の記事という風情だった。そこからは"**アクセサリー**"**としての顔文字**という姿が浮かび上がってくる。

　電子メールも、普通の文字だけでは少し無味乾燥。たまにはメル友を驚かしてみたいなあ——。そんな遊び心を満たすのが、「顔文字」や「絵文字」です。……　新しい通信手段から生まれた新しい「文

化」なんですから。

この文面だと、必要性というよりは**遊び心、つまりはファッション**というニュアンスが感じられる。しかし、そのファッションにはルールもあるようだ。

　　ただ、断っておきますが、ビジネスや交渉事のメールなどでの使用は基本的に厳禁です。

ビジネス場面で顔文字は不可である。「気安い相手、ちゃめっ気のある相手じゃないと、常識を疑われ」ると書かれている。やはり**顔文字は親しい相手と結びついていて、ビジネス場面のような公的性格のやりとりには相応しくない**のだろう。

　③は「声」という投書欄で中学生の投書である。それは「私にとって**メールは必要なものです**」という文で始まる。何のために必要なのだろう？　こう続けられる。

　　たとえば私の場合、メールの役目は三つあります。一つは、相手に伝えたいことがなかなか言えない時に。二つは、相手と楽しく絵文字や顔文字を使って、その日あったことなどを送りあう時に。三つめは、災害や事故に遭った時に打つのです。

顔文字は、楽しく友だちとおしゃべりするという2つ目の役目と結びついている。1つ目と3つ目の役目におそらく顔文字は使われない。ここでもやはり、**親しさという人間関係が要因となっている**ことが窺われる。

　④は、携帯メールでおなじみの顔文字を、ついに高校の英語教科書で

複数の社が取り上げるまでになったことを紹介する記事だった。若い世代の「今」として、日本文化の１つの新しい形であると述べる。英語との比較にも触れられていて、英語にも顔文字はあるけれども、「日本は目で感情を表すが、英語は口で表す」と違いが紹介されていた。**"感情記号"としての顔文字**がすっかり定着していることが読み取れる。

3.　先行研究を調べる

　次は先人たちの研究成果、**先行研究**に当たってみよう。それなりの長さがあるレポートであれば、１つや２つは先行研究を参照して議論することが期待されていると考えてほしい。それだけでなく、自分が書こうとしているこのトピックでこんなに研究があるのかと知ることもまた勉強の１つと思ってほしい。どんな文献があるか、先に紹介した「ディスカバリーサービス」で調べてもいいし、論文検索サイトで調べてもいい。ここでは、「ディスカバリーサービス」を利用してみよう。先に見た検索窓に検索語を入れて実行するだけである（条件を細かく指定した詳細検索もできる）。

　「顔文字　メール」と入力すると69件ヒットした（2015年２月５日現在）。その結果の一部を次頁に掲げる（**図13-4**）。ほとんどが専門的な研究論文だから、タイトルを見ても意味がよくわからないものなどがあるだろう。そこは気にせず、わかりそうな気がしたものをチェックしていけばいい。気になった文献をクリックし、元のデータベースまでたどって行ってみて、**「機関リポジトリ」や「オープンアクセス」と書かれたものなどは、その場で本文を入手することができ大変便利である**[8]。ここでは１つだけ例を示すことにして、「顔文字の機能」が「相手との親しさの程度による影響」をどう受けるか考察しているらしい11番の論文を取り上げよう。

[8]　「機関リポジトリ」とは、論文等の著者が所属する機関で本文を公開しているもののことで、放送大学のリポジトリ「ManapiO」もそうである。

216

11. 携帯**メール**コミュニケーションにおける**顔文字**の機能に関する分析：相手と
の親しさの程度による影響の検討 / Analysis of functions of emoticons in e-
mail communication by mobile phone : Investigation of effects of degrees of
intimacy with partners

By: 加藤 尚吾 / KATO Shogo; 加藤 由樹 / KATO Yuuki; 島峯 ゆり / SHIMAMINE Yuri; 柳沢 昌義 / YANAGISAWA
Masayoshi. In. 教育情報研究：日本教育情報学会学会誌, 2008-12-05, Vol. 24, Issue 2, p.47-55; 日本教育情報学会 /
Japan Society of Educational Information Language: Japanese, データベース: CiNii

サブジェクト: 携帯**メール**; **顔文字**; 親密度; 感情; Computer-Mediated Communication (CMC)

⟲ 関連情報をみる　📄 CiNiiをみる

12. 携帯**メール**の絵文字・**顔文字**解析による趣味嗜好分析法

[A method of deducing the user's state of mind and preference by analyzing pictographic characters and emoticons in
mobile phone emails] By: 山下/顔; 山口/沙菜恵; 高見/一正. 電子情報通信学会技術研究報告：信学技報, 2010, Vol.
109 No. 449, p. 399, 6 p. Language: Japanese., データベース: Japanese Periodical Index - 雑誌記事索引

サブジェクト: コンテンツ配信サービス; 趣味嗜好; 携帯電話; **メール**; 絵文字; 気分推定; **顔文字**; content delivery
service; user's state of mind and preferences; mobile phone; emails; pictographic characters; emoticons

⟲ 関連情報をみる　📄 雑誌記事索引をみる

13. 特集 **メール**も内線番号表も**顔文字**もバッチリ IMEでビックリ変換

By: 清水/哲郎. 日経パソコン / 日経BP社 [編], 2009, No. 581, p. 54, 12 p. Language: Japanese., データベース:
Japanese Periodical Index - 雑誌記事索引

⟲ 関連情報をみる　📄 雑誌記事索引をみる

14. **メール**の相互作用における感情伝達:言語と**顔文字**が感情解読に与える影響

[Communicating emotion in e-mail interactions: the effect of verbal messages and emoticons on decoding emotion]
By: 佐々木/美加. 明治大学教養論集 / 明治大学教養論集刊行会 [編], 2009 Language: Japanese., データベース:
Japanese Periodical Index - 雑誌記事索引

⟲ 関連情報をみる　📄 雑誌記事索引をみる

15. 電子**メール**で使用される**顔文字**から解釈される感情の種類に関する分析 /
Analysis of the kinds of emotions interpreted from the emoticons used in e-
mail

By: 加藤 尚吾 / KATO Shogo; 加藤 由樹 / KATO Yuuki; 小林 まゆ / KOBAYASHI Mayu; 柳沢 昌義 / YANAGISAWA
Masayoshi. In. 教育情報学会学会誌, 2007-03-05, Vol. 22, Issue 4, p.31-39; 日本教育情報学会 /
Japan Society of Educational Information Language: Japanese, データベース: CiNii

サブジェクト: Computer-Mediated Communication; **顔文字**; 電子**メール**コミュニケーション; 感情

⟲ 関連情報をみる　📄 CiNiiをみる

16. 携帯**メール**の絵文字・**顔文字**解析による気分推定法と楽曲推薦法

[A method of deducing the user's state of mind by analyzing pictographic characters and emoticons in mobile phone
emails and a method of selecting music suitable for the user's state of mind] By: 山下/顔; 谷/議治; 高見/一正. 情報処
理学会研究報告, 2008, Vol. 2008 No. 69, p. 51, 6 p. Language: Japanese., データベース: Japanese Periodical Index -
雑誌記事索引

サブジェクト: コンテンツ配信サービス; 趣味嗜好; 携帯電話; **メール**; 絵文字; 気分推定; **顔文字**; 気分要素; 音楽; 曲調
特徴; 楽曲推薦法; services that deliver content; interests and preferences; deducing the state of mind; emails;
pictographic characters; emoticons; state-of-mind elements; algorithm to the selection of music; music type

⟲ 関連情報をみる　📄 雑誌記事索引をみる

図13-4　ディスカバリーサービスでの「顔文字　メール」の検索結果

・加藤尚吾、加藤由樹、島峯ゆり、柳沢昌義（2008）「携帯メールコミュ
　ニケーションにおける顔文字の機能に関する分析―相手との親しさの
　程度による影響の検討―」『教育情報研究』24（2）、pp. 47-55、日本
　教育情報学会[9]

　この論文では、2つの条件と2つの場面を設定して、実験協力者に実
際にメールを打って送ってもらい、著者らの仮説が支持されるかどうか
を検証している。条件は、相手との間柄について「親しい／親しくな
い」、その相手に送信する携帯メールで顔文字を「使用する／使用しな
い」、の2つで、これに重ねて、内容に関する場面として「歓喜場面／
謝罪場面」（各々、結婚の知らせと大遅刻の詫び）を設定した。結局、
2つの場面それぞれについて、人間関係と顔文字使用の4通りの組み合
わせが現れることになる。
　著者らは考察の観点を、先行研究の検討などから、次のような3つの
仮説という形で立てた。

仮説A：　　顔文字を使用する場合、**メール本文代替機能**により、メール
　　　　　本文の文字数が少なくなる。
仮説B：　　メール本文代替機能は、**親しい間柄の相手とのやりとり**にお
　　　　　いて、より使用される。
仮説C：　　**感情表現機能**は、親しい間柄の相手とのやりとりにおいて、
　　　　　より使用される。

仮説Aは、**顔文字がメッセージそのものとして機能**し、その分だけ通常
の言語メッセージが少なくなるのではないか？との仮定であり、そのよ

9）　参考文献の挙げ方は学問領域によって微妙な差異がいろいろあるが、ここで
は、
　　著者名（刊行年）「論文等タイトル」『**掲載誌名**』巻（号）：頁、発行者
というスタイルに倣っている。

うな現象が**親しい相手とのやりとりで頻度が高いのではないか？**との仮定が仮説Bである。仮説Cは、そもそも**顔文字を感情表現に用いることが親しい相手とのやりとりで高頻度なのではないか？**との仮定である。

　3つの仮説についての結果はこうだった。まず、仮説Aは限定的に支持された。すなわち、**歓喜場面での親しい間柄のときだけ、顔文字を使うと、使わない場合に比べてメールの文字数が有意に少なかった**[10]。仮説Bに関しては、**親しい相手へのメール**において、顔文字を使用したグループで、言葉による謝罪の数が有意に少なかった。すなわち、仮説Bは謝罪場面に関して支持された。仮説Cに関しては、どちらの場面でも、親しい相手に送ったメールで、親しくない相手より多くの種類の顔文字が使用された。**親しい相手に対しては、気持ちをより多様な顔文字で表現し伝えようとすることの表れ**と考えられ、仮説Cは支持された。

　言葉の一つ一つが厳密で、言葉の限定も多いため、かみくだいて意味を理解するのに苦労するかもしれないが、3つの仮説すべてにおいて、「親しい間柄の相手」が関係していることは明らかだろう。少々思いきった要約をすれば、**相手が親しい場合、うれしい話題は顔文字に語らせて文字数が少なくなり、詫びる場面でも言葉の代わりに顔文字を使う傾向があり、また内容を問わず多様な顔文字でニュアンスを伝えようとする傾向があった**、ということになろうか。

　このように、いまやインターネット検索の利便性が飛躍的に向上しているため、それだけで十分と考えがちである。また、検索はできても本文が読めない場合、ついつい見ずじまいということになりやすい。しかし、そういうものの中に有用な知見がある場合も当然ある。たとえば次の論文などそうだった。学会誌の論文は検索にヒットしても大会の発表論文まではヒットしないといった事情がある。

---

10)　「有意に」という表現は、統計学的な処理をした結果、"偶然ではない"と考えられる差だった、という意味で用いる。単に数が多い／少ないということを言うために用いてはならない。

・三宅和子（2006）「FTA 場面における携帯メールの配慮行動」『社会
　言語科学会第19回大会発表論文集』pp. 26-29、社会言語科学会

　これは、相手から**謝罪のメール**が来るという設定で、相手が親しい／親
しくない、文体がくだけている／丁寧、という 2 条件を組み合わせた 4
つのケースを比較した研究である。調査の結果、**親しくない相手からく
だけた文体のメールが来た場合に、不快感や不信感が特に高い**ことが示
された。また、親しい場合であっても丁寧な文体だと不快感などが低い
傾向があり、全体的に**文体が丁寧だと親疎に関係なく評価がいい**ことが
わかった。それらに加え、「絵記号」（＝顔文字＋絵文字）の数に関する
考察があった。それによると、**文体の相違と絵記号の数の間にははっき
りした相関関係**が見られ、**くだけた文体（いわゆるタメ語）で絵記号が
多く、文体が丁寧だと絵記号が少なかった**。この知見は、顔文字など絵
記号が文体の一部であることを示しているかもしれない。つまり、「で
す・ます」の敬体で述べる場合には言葉で表されるニュアンスを、タメ
語の普通体で述べる場合に顔文字など視覚要素によって表しているので
はないか？と考えられそうに思える。

　文献の探し方についてもう 1 つ注意を加えておくと、どの領域でも、
比較的専門性の高い商業誌というのが存在する。そこに掲載される記事
は、専門的研究者でない読者に向けて書かれているため、研究論文や専
門書よりも読みやすいという特長があり、レポートぐらいであれば参考
文献として手ごろである場合が多い。しかし商業誌であるため、これら
の記事は、検索でヒットしたとしても、本文そのものをネット上で入手
することはできないのが基本である。自分の関心領域がはっきりしてい
るなら、そうした雑誌は別途チェックするようにしたい。

4. 考察する

　上の2と3をふまえ、**自分で立てた問いに答えを出していくのが「考察」**である。考察と聞くと構えてしまいそうだが、前の方で、問題意識を明確にし、論の観点を定めておけば、ここまで得られた材料をそれに沿って検討すればいいので、そう難しいことはない。観点は5つあった。

    a）ケータイ・メールは文字ベースだが、直接性では対面コミュニケーションに近い性質をもつ一方、持続性より瞬間性に傾く。

    b）顔文字は、携帯電話という手段だけの問題ではなく、親しい人間関係と結びついて使われている可能性はないか？

    c）反対に、顔文字を親しくない間柄のやりとりに用いると、馴れ馴れしく不適切であると感じられないか？

    d）親しい関係におけるコミュニケーションの飾りのようなものととらえていいか？

    e）顔文字は日本語に特有の現象か？

　順に見ていこう。a）はケータイ・メールにおけるコミュニケーションの直接度と持続時間に関するものだった。これについては、顔文字がパソコン通信で盛んに使われて広まり、ケータイ・メールにも受け継がれたという経緯（記事①）が符合する。すなわち、**速くて短いメッセージに対して補われた表情記号としての顔文字**である。b）の「**親しい人間関係**」はどうやら**顔文字のかなり核心に関わる条件**と言ってよさそうである。先行研究の加藤他（2008）が明らかにしていたのは[11]、相手が親しい場合、うれしい話題は顔文字に語らせて文字数が少なくなり、詫びる場面でも言葉の代わりに顔文字を使う傾向があり、また内容を問わず多様な顔文字でニュアンスを伝えようとする傾向があるということ

---

11)　文中で先行研究に言及するときは、このように、著者名等（刊行年）というのを名前の代わりのように使う慣行がある。「加藤他（2008）は……と述べている」や「加藤他（2008）では、……と主張されている」のように用いる。

だった。この３点はすべて親しい人間関係と結びついている。ｂ）の裏
返しがｃ）だが、記事からも先行研究からも、**親しくない相手に顔文字
を使うことは勧められないという結論**が導かれる。顔文字をビジネス場
面のような公的性格のやりとりに用いるのはよくないとする記事があっ
た（記事②）。また、三宅（2006）では、謝罪のメールにおいて、親し
くない相手からくだけた文体のメールが来た場合に不快感や不信感が特
に高いこと、逆に、文体が丁寧だと親疎に関係なく評価がいいことが示
されていた。文体の相違と絵記号の数の間にはっきりした相関関係が見
られたことも、これと符合する。

　ｄ）はどうだろう。こうした顔文字は親しい関係におけるコミュニ
ケーションの"アクセサリー"と言えるだろうか？　「遊び心」という言
い方も見られ（記事②）、アクセサリー的な使い方がされるのは事実だ
ろう。しかし一方、親しさという人間関係には必要なものと読めるとら
え方もあり（記事③）、また三宅（2006）にあった、くだけた文体で絵
記号が多く、文体が丁寧だと絵記号が少なかったとの指摘からは、**丁寧
な文体においては「です・ます」によって表されている対人的なニュア
ンス**が、**くだけた文体ではそのまま表現できないため、顔文字が肩代わ
りをしている可能性**を考えることができる。そのように考えると、顔文
字はそれなりの必要性があって用いられていると考えるのが妥当である
ように思える。最後のｅ）についていえば、記事④にもあったように、
日本語以外でも顔文字が用いられていることは簡単に調べられる。頻度
や"依存度"という点では日本語ほどではなさそうに見えるが、韓国語に
も中国語にも顔文字はあり、それぞれ独自のものである――中国語では
漢字を顔文字として使う例もある。このように他の言語でも用いられて
いるという事実は、**ケータイ・メールというメディア的な特性と関係す
る何らかの理由が背景にあること**を示唆しているだろう。おおむね以上

が「考察」の内容となる。

　「結論」というセクションを分けずにそのまま最後まで行ってもかまわないが、最後はきちんと締めたいという感覚もあると思うので、要約的に結論として書けばいい。そもそもメールは相手の顔が見えないうえに、ケータイ・メールは文章が短い。全体に言葉が不足する傾向になりやすく、そのために、書き手の意図とは反対に受け取られるなど、**ミスコミュニケーションも生じやすい**。敬体で丁寧に書くなら比較的安全だが、タメ語だとそうした危険が大きくなる。**顔文字や絵文字は、そうした不足を補う感情記号としての役割を担っているのではないか？**というのが穏当な結論のように思える。つまりは、"なくてもかまわないもの"ではなく、安定的なコミュニケーションを図るために必要な道具なのではないか、といった内容になるだろう。これでめでたくレポートが完成となる。

　最後に１つ付け加えておこう。前章の最後に掲げた流れ図では、「調べる」の３つ目に「**自分で材料（データ）を集める**」という項目があった。本格的な論文であれば、文字どおり新たに調査などしてデータを集めるにせよ、既存の資料を読み込んで再解釈を施すような場合にせよ、**この部分が自分のオリジナリティ（独自性）の支え**として必須となる。一方、レポートではそこまでの余裕もないし、実際そこまでは要求されないだろう。とはいえ、上の２や３のように見ながらここまで来ると、自分のアイディアでちょっとした"ミニ実験"をして、自分の考えの方向性が合っているかどうかを確かめたくなってもおかしくない。考えの「証明」までは行かなくとも、考察の「補強」材料ぐらいには十分なる。

　顔文字がテーマのこのレポートの場合、**同じメッセージで顔文字付きと顔文字なしの２種類を準備する**ことは簡単で、それを身近な人に見てもらって印象を聞くといったことは難しくない。たとえば、まず、

　　「それおかしいよ。」
というメッセージなどどうだろう？　パッと見て、これでは言葉がきつすぎる、と思った人もいると思う。ところが、コミュニケーションにおいて話し手と聞き手はまったく立場が異なっていることに、なかなか人は気づいていない。きつすぎると思ったのは聞き手の立場に立った自分だろう。では、話し手の立場に立って、上の言葉をどんな風に言うと思うか想像してみてほしい。文字どおりきつい調子で言うこともあるだろうが、それはイライラがかなり高じた結果であり、あまり普通のコミュニケーションとは言えない。もし言うとしたら、と考えたとき、笑いながら半ば冗談めかして言うような場面を思い描かないだろうか？　話し手の立場に回ると、人はそのような自分を思い描くことができる。話し手の立場で思い描くのが、

　　「それおかしいよ。＾＾」
という顔文字付きのメッセージなのだと言ってもよさそうである。これを見て、きつすぎると感じる人はいないだろう。やさしく諫（いさ）めるように言っている様子が浮かぶ。そのように考えると、**顔文字は話し手と聞き手の立場の差を埋める手段**だと言うこともできるのかもしれない。

　２つの章を割いて、レポートを書くというプロセスを丁寧に検討してきた。前章の初めの方に書いた、

**　自分で立てた問いに対して、**
**　自分の手や頭で集めた材料を使い、**
**　他人の頭をきちんと借りながら、**
**　自分で答えを出すプロセスのこと。**

という説明の意味がわかってもらえたらうれしい。そして、次には、ぜひそれを実践してみてほしい。

14 | 実践のスキル：自己添削の方法

《目標＆ポイント》　文章の上達には自己修正能力の涵養が欠かせないとの観点から、文章の自己添削という考え方を導入する。何をチェックできればそれが可能になるかを検討し、実践の中で理解する。
【キーワード】　自己添削、チェックポイント

1. 自己添削とは？

　さて、いよいよレポートの文章を実際に書くところまで来た。ここで気分が憂鬱になる人もいるだろうか。実際、文章を書くことに苦手意識を持っている人は多い印象がある。話し言葉と違って、書き言葉は自然に習得されるものではないことや、話し言葉よりも約束事が多いことなどを考えれば、それも無理からぬことと言える。

　一方、他人の書いた文章を読んで、おかしな点に気づく経験は、誰にも覚えがあるのではないだろうか？　もしそれを直せと言われたら、ベストかどうかはともかく、少なくともこう直せば現状よりは良くなるのでは？という提案をすることもできるだろう。ここに、文章に関する意識における興味深い"ねじれ"が見え隠れする。つまり、人は、自分が書く文章には自信が持てない一方、他人が書いた文章だと、あらも見えるし、その気になれば直すことさえできる。

　ならばその"ねじれ"を逆手に取ってしまおう、と考えた。自分の書いた文章を他人の目で読んで、あらを探し、自分で添削してしまえばい

い、と考える。文章が上達するコツは、上手な人に添削してもらうことだと考える人も多いだろう。実際、文章教室のようなところでは、提出した文章を先生が添削してくれる。もちろん、添削には添削の効果がある。だが、**添削には限界もある**ことをわかっていた方がいい。添削されてグレードアップした文章の、改善された部分を書いたのは、元の文章の書き手ではなく添削者である。読んでなるほどと思い、次に文章を書くときにそれが実践できればいいのだが、一度直されたからといって、次には自分でその新しい書き方を思いつくことができるわけでもない。それで、同じような状況になったとき、結局前と同じように書いてしまうということがよく起こる。そこが添削の悩ましいところで、**書き手が自分で気づけないとなかなか文章は直せない**。

　というわけで、以下本章では、**添削は書き手が自分でやれればいい**という考え方に立って、その実践法を説明したい。たとえばこの本を書いている筆者は、書いた文章をいちいち誰かに読んでもらうことは多くない[1]。しかし、一応の完成原稿を編集者に渡す前に、何度となく自分で読んで自分で添削をし、流れの悪い文や意味の取りにくい文を自分で直す。それは、どういう点を見ればいいかがわかっているからできることであり、逆にいえば、どういう点を見ればいいかピックアップして説明することができれば、ある程度誰にでもできることだと言える。そこで、文章を添削するとき問題になりやすい点を感じてもらうために、次の問いをやってみてほしい。

Q. ....

　次の文章には、表現上おかしな箇所が多数含まれている。それらをすべて指摘し、難点が取り除かれるように文章を修正してみよう。ただし、修正は最小限にしたい。便宜上、一つ一つの文に①〜④の

1）印刷教材については、印刷のプロセスに入った後で、第三者の専門家に全体を読んでコメントしてもらうという制度がある。

番号を振ってある。

①大学の学生や社会人が他人が読んでわかるような日本語が書けるようになる能力が必要だが、それには書くための知識が必要で読むスキルもある。②生活の中で自然に身につけた日本語は、書こうと思えば自然な日本語が書けるものだと思いたくなるものだが、そのスキルの習得の難しさは話すことの自然な習得とは違っており、中でも非常に難しいのは正しい説明の書き方が一番で、自分では客観的な文章のつもりでもいつのまにかそこに主観が混じって自分の思いになってしまうのである。③文章を書く秘訣は、1つずつの文は長くなりすぎないようにして、わかりにくい高級な単語ばかりの文を並べた文章ではなく、それを見ればすぐ内容が浮かぶような文を簡潔につなげればいい。④それは決して難しいことではないのである。

読んで、自分の書く文章はこんなにひどくない、と思った人も多いだろう。まことにそうなのだが、ここでは、読んで実際に文章を直したくなってほしいので、難点はどれも少しずつ大げさにしてある。それらに気づき、こう直したくなると思った後で、それは何を直すことになるかがわかれば、添削のポイントを1つつかむことができる。すべての点がリストアップできたら、それが**自己添削のチェックポイント・リスト**である。

A.

では、箇条書き風に1つずつ挙げていこう。コメントの後に、「→」

に続けて修正方針も添える。

①の文

・一読して明らかなように、助詞の「が」が多すぎる。文法的な誤りではないが、読み手に解釈の負担をかけるので、**同じ助詞の連続はなるべく避けたい**。

　→残す「が」を決め、他の部分は助詞を変える。同じ助詞が続かないよう表現も調整する。

・前半と後半が、「必要だが」と「が」で接続されているが、内容的に逆接とは言えず、適切でない。

　→接続語を変える。

・述部の書き方が、「知識が必要で」と「スキルもある」とそろっていない。

　→まとめられるならまとめる。

②の文

・１文が長すぎ、実質的に２つ以上の文に相当する内容が詰め込まれていて、**内容が整理されていない**。

　→内容的に、話し言葉と書き言葉に関する部分と、客観的な説明（文）についての部分に分かれるので、全体を大きく２つの文に分ける。

・**文の始まりと終わりが呼応していない**。始まりの「身につけた日本語は」と内容的に対応する「自然な日本語が書けるものだと思いたくなる」とで、「日本語」が重複していて文法的に不自然。

　→後ろの「日本語」を消して調整する。また、「日本語は」の「は」が曖昧だから、より明確な言葉を選ぶ。

・「もの」が連続して煩わしい。「書けるものだ」「思いたくなるものだ」の「もの」が本当に必要かを確認する。

　→どちらも不要だから削る。

・文中の要素が対応していない。「スキルの習得の難しさ」と「話すことの自然な習得」は、内容的に対比されているのに形がばらばらで合っていない。

　→「話す能力」「書く能力」のようにそろった形にする。

・**強調が目につき**、かつ重複しているように感じる。

　→強調しても客観性は増さないので表現を変えるか削るかする。

・**意味が１つに定まらない表現**がある。「正しい説明の書き方」は、「正しい説明」なのか「正しい書き方」なのかわからない。

　→位置を変えて係り方を１通りに決める。

・文の中の呼応が悪い。「客観的に書いているつもりでも」と内容的に対応する部分が「自分の思いになってしまう」とある。

　→前から自然に流れる形にする。

・指示語を用いた表現で「そこに主観が混じって」とあるが、「そこに」が必要か検討する。

　→なくても通じるので削る。

・「のである」がうるさい。文章の最後にも「のである」があり、何度も結論を押しつけられるような印象がある。

　→文の結び方を軽くする。

③の文

・文の始まりと終わりが呼応していない。「文章を書く秘訣は」という始まりに対応する終わりがない。「秘訣」を残して後ろを「…（する）ことである」とするか、後ろの内容を汲んで、始まりを「…ためには」とする。

　→後者を採用。

・**助詞「は」が連続していて**焦点がわかりにくい。

　　→「は」を１つにする。

・意味が１つに定まらない表現がある。「わかりにくい高級な単語ばか
　りの文を並べた文章」とあるが、「わかりにくい」の係り先が「単語」
　「文」「文章」のどれもあり得るため曖昧。

　　→位置を変えるか、不要なら削る。

・指示語を用いた表現で「それを見ればすぐ内容が浮かぶ」とあるが、
　「それを」は必要か検討する。

　　→なくても通じるので削る。

・口語的な表現がある。「簡潔につなげればいい」という表現がやや口
　語的なので、検討する。

　　→文章の目的に応じて、「いい」を「よい」に変えるなど調整する。

④の文

・②の文で「非常に難しい」と言っていたのがここで「難しいことでは
　ない」と打ち消されるのは、唐突でもあり違和感もある。

　　→接続語を補い、内容的に転換することを意識した表現にする。

・傍点の意味がわかりにくい。「決して」とあるが、強調が唐突に感じ
　られる。

　　→傍点に頼るのをやめる。

　　このように列挙すると19もの箇所をチェックしたことになる。こうし
て追ってくるのも煩わしさがあるが、実際に文章を直すことがどのよう
なプロセスなのかを感じてほしかったので、あえて全部挙げた。これら
のチェックを反映して書き直したのが下の文章である。全体の分量は十
数字ほどスリムになった。

①大学生や社会人でも、読んでわかりやすい日本語を書く能力の習得が必要であり、それには、書くために必要な知識や読むスキルも含まれる。②a生活の中で自然に身につけた日本語だから、書くときも自然に書けるだろうと思いがちだが、話す能力と書く能力は大きく性質が異なっている。②bなかでも、意外に難しいのは説明の文章の正しい書き方で、自分では客観的に書いているつもりでも、いつのまにか主観が混じり、意見を主張する文章になってしまいやすい。③わかりやすい文章を書くためには、１つずつの文が長くなりすぎないように注意して、難しい単語を並べた文でなく、見て内容がすぐ浮かぶような簡潔な文をつないでいけばいい。④そしてそれは、実は難しくない。

どうだろう？　全体が軽くなったような印象と言えばいいだろうか。**誰でも書けそうな文**になったと思ってもらえたら、**自己添削の成功**である。逆に、アクの強い個性のようなものはなくなり、つまらない文章になったと感じる人もいるかもしれない。そうであってかまわない。文章の上手な作家ならこんなつまらない文章は書かないが、この教科書が目指しているのは、**人に読んでわかってもらえる客観的な説明文**を書くことだから、つまらないぐらいでちょうどだと思う。

　以下、列挙したチェックポイントを３つの観点に分けて整理を試みることにする。文の意味に関するもの、文の形に関するもの、そして言葉の使い方に関するもの、である。

2. 文の意味に関するチェックポイント

a）長すぎる文に用心

　書いているうちに１文が長くなって、後で見ると何行かにわたっているようなことがある。そのときは要注意で、自分の考えが整理できていないのではないか？と疑ってみることをお勧めする。覚えておいてほしい**基本原則は、"１つの文に１つの内容"**ということである。文が内容上の単位となることで、文をどうつなげてパラグラフを構成するかが、見えやすくもなり考えやすくもなる[2]。書くことに慣れてくれば、長い１文でも破綻なくコントロールできるようになるが、そうでなければ、内容が豊かであるために文が長くなっているのではなく、**考えの内容をうまく切り分けることができないまま、文を終えられずに長くなっている可能性**を疑った方がいい。先の問いの②の文がその典型で、話す能力と書く能力に関する内容と、客観的な説明を書くことについての内容が混在したまま、その文で言いたいことが何なのかわからなくなっていた。

　では次の例を見てほしい（以下、例はすべて筆者の作例である）。

（1）　グローバル化時代を生きるためには、すべてを世界基準に合わせる必要があるとして、英語の高い運用能力の必要性が叫ばれているのもその１つの現れだが、欧米の基準に合わせることにばかり気を取られて日本文化の独自性が失われることがないよう、日本からの発信にも力を入れていく必要がある。

「グローバル化」に沿った見解と慎重な見解の両方に目配せしたような、そのバランスをとろうという"日本的な"文章とも言えそうだが、基

2）　１文の長さとしてどのくらいが目安かとの質問をされることがある。一般に流布している標準的な数字があるとも言えないが、筆者自身の感覚でいえば、単純な文で50字ほど、単純な文の組み合わさった複雑な文で100字程度、というのが１つの目安になるかと思う。

本的にこのような文はあまり意味がない。「グローバル化」とは、言語
や貨幣や商取引の基準などが世界的に共通化することであって、それは
反面で個々の国の独自性を犠牲にすることを伴う。したがって、共通化
も理解できるし独自性も維持したいという考えには原理的な難点があ
る。それを１文の中に盛り込んでしまうと、両者に相容れない側面があ
るということ自体に気づかぬまま話を進めてしまいがちである。相反す
る見解のどちらも一理あるといった立場は、心情的には理解できるとこ
ろもあるが、論理的には矛盾をはらむことになりやすい。文が長すぎる
と思ったら、そこにいくつの事柄が入っているかと考え、その数に合わ
せて文を分けることをお勧めしたい。（1）でいえば、「グローバル化」
にまつわる話と、「日本」に関することを、少なくとも分ける必要があ
ろう。

　また、次の３で見る「ねじれ文」とも関係するが、**長くなってくると
形のコントロールが利かなくなり**、文の始まりと終わりが呼応しなくな
りやすいという問題もある。この文でも、「…ためには、…として、…
もその１つの現れだが、…ことがないよう、…必要がある」と抜き出し
てみればわかるように、実は形がばらばらで呼応していない。

b）多義表現は解消を

　単語１つに修飾語１つであれば解釈も１通りしかないが、修飾語と被
修飾語がそれぞれ長くなると解釈の可能性も増えてくる。**曖昧さを解消
するには、テンを打って意味の切れ目を示すか、修飾語の位置を変えて
解釈の可能性を減らすかのどちらかだが**、第２章でも述べたように、よ
り根本的な解決策は後者であり、テンの位置をあれこれ変えながら悩む
よりも、語順を変えるなどして解釈を１通りに絞ってしまう方がしばし
ば容易である。

次の例を見てほしい。

(2)　頭が赤い魚を食べた猫

(2) は「頭が赤い」が「魚」に係るのか「猫」に係るのか曖昧である。後者なら、「頭が赤い」を後ろに回して「魚を食べた頭が赤い猫」とすればいいが、前者の場合、完全に一義的な文にするのは難しい。それでも「頭の赤い魚」や「赤い頭の魚…」のように「が」を「の」に変えると曖昧さをかなり除去できる。問いの文章では、文②の「正しい説明の書き方」を「説明の文章の正しい書き方」に直し、文③の「わかりにくい高級な単語」は表現自体を変えてしまった。

3.　文の形に関するチェックポイント

c）１文に「は」は１つ

　問いの文③に「文章を書く秘訣は、１つずつの文は長くなりすぎないようにし」という箇所があった。第７章で詳しく見たように、「は」は文の主題を示す。１文の中で、とりわけ位置的にも近いところで、「は」が２つ以上出てくると、文の主題がどちらなのかわからなくなるので、なるべく避けたほうがいい。「…ためには」を主題にする形で修正した。以前、とある食品メーカーのテレビCMで、このようなフレーズが使われていた。

(3)　ピーター、賢いうさぎは、野菜はその日に食べる分だけ買うんだよ。

聞いたときの収まりが悪いと思っていたら、メーカー側も感じていたよ

うで、ナレーションのイントネーションを変えるなどしていたが、結局収まりの悪さは改善されなかった。原因は「は」の連続にあって、これが「賢いうさぎ」についての文なのか「野菜」についての文なのかが決まらず、受け手として落ち着かない。

d）同じ助詞が続かないように

　語と語の文法的関係を示す「が／の／に／を」は「は」ほど文意に影響を及ぼさないが、それでも**同じ助詞が続くと読み手が自分の解釈を確認する必要が出てきて煩わしくなる。**助詞の意味が多義的であるほどその傾向が強くなる。典型が「が」や「の」で、問いの文①における「が」の連続など一見して拙さがわかっただろう。また、同じく①の文で、「わかりやすい日本語を書く能力を身につける」とすると「を」が連続してしまうため、「わかりやすい日本語を書く能力の習得」と表現を変えて回避した。天気予報ではこの問題がつねにある。「雨が降る」や「気温が上がる」のように「が」で述べるべき現象と、それらがどこで生じるかについての情報を伝える必要があり、後者で「…所があるでしょう」という形が用いられるために、これらをそのままつなぐと「が」が連続してしまう。そこで次のような解決策が取られている。

　（4）明日は広い範囲で大気の状態が不安定となり、雨の降るところが
　　　　多いでしょう。

「…が…が」を「…の…が」で置き換えるやり方は、書き言葉においてかなり一般的と言っていいだろう。

e）その「が」は逆接？

　「…だが」のように使う接続助詞と呼ばれる「が」は、使い勝手がいいために使いすぎになりやすい。**逆接的な接続に用いるのが原則だから、そうでない"何となく"のつなぎに使うのはよくない**。問いの文①のケースがそうだった。"何となく"の「が」の典型例で、かなりよく知られていると言えそうな例がある。大相撲の取組で物言いがついたときに、協議の結果を審判長が場内に説明するときに出てくる「が」である。

　（5）ただいまの一番についてご説明します。行司軍配は琴欧州の有利
　　　とみて上げました<u>が</u>、豊ノ島の足が先に出ており、軍配どおり、琴
　　　欧州の勝ちといたしました。

「行事軍配は…上げましたが」と「が」が出てくるので、すわ行司差し違えかと場内が湧くが、逆接の「が」ではなく「軍配どおり」との説明が続いている。

f）ねじれ文に注意
　文の始まりと終わり、文法用語でいえば**主語（主部）と述語（述部）が呼応していない文をねじれ文**といい、文法的な誤りの一種である。言いたいことは推測できる場合が多いが、書き手が自分の書いている文をコントロールできていない印象が出るのでよくない。先の例（1）ほどではなくとも、**文の形に対する意識が弱いと起こりやすい**。典型的なところでは、「理由は」「目的は」「主張は」「日課は」といった抽象的な主語を立てたとき、述部は「…ことだ」をはじめ、それぞれに応じて「…からだ」「…ためだ」「…ものだ」等の形で結ぶべきところで、主語を忘れてしまって次の（6）のように書いてしまうケースである。

（6）このレポートの<u>目的は</u>、…政策の実行に必要な課題を明らかに<u>したい</u>。

　この長さでは文全体が視野に収まるからあまり間違えないだろうが、文が長くなってくると散見されるようになる。添削としては、上のような呼応に変えるのが一法だが、**前の表現に合わせる決まりがあるわけでもないから、後ろに合わせて変えることもできる。**

（6′）このレポートの<u>目的は</u>、…課題を明らかにする<u>ことである</u>。
（6″）このレポート<u>では</u>、…課題を明らかに<u>したい</u>。

　問いの文③で、始まりは「秘訣は」で、それを維持するなら後ろを「…（する）ことだ」の形にそろえる必要があるが、係り先の３つの部分いずれもそうはなっていなかった。そこで、後ろはなるべく変えずに前を合わせるようにして「…するためには」と変えたのが修正版である。

g）「もの」「こと」を使いすぎない

　日本語の文は、**述部に「もの」「こと」をはじめ、「はず」「だけ」「ばかり」といった形式名詞と呼ばれる"クッション"を置く**と、重みが増して感じられる。そのため、硬い文章を書こうとするときほど、そうした要素を使いたくなる心理が働く。問いの文②のように、「もの」が実質的に飾りでしかなく、取り除いても文意を変えることなく書ける場合も多いので、使いすぎに注意したい。形式名詞でない内容のある名詞が置けるならそれを用いればよく、**基本原則としては、前に出てきた抽象名詞を述部で受けるために使う**と考えておけばいいだろう。次の３つの例を比べてほしい。

(7) 言語教育で「ダイレクト・メソッド」とは、学習者の母語などを使わず、学習している言語だけを用いて指導する方法である。

(7') 言語教育で「ダイレクト・メソッド」という方法は、学習者の母語などを使わず、学習している言語だけを用いて指導するものである。

(7") △言語教育で「ダイレクト・メソッド」とは、学習者の母語などを使わず、学習している言語だけを用いて指導するものである。

最後の（7"）のように、「方法」といった名詞をまったく使わずに「もの」に委ねてしまうのはよくない。

　もう一点、「…するものとする」といった表現が思い浮かぶことがあるかもしれない。これは、次の例のような、法律や規定などで見た表現を記憶しているケースであり、正式な文章では使う方がいいと思う人もいるかもしれない。

(8) …　ただし、期間満了の1ヶ月前までに、甲又は乙のいずれかから契約を更新しない旨の書面による申し出がなされない場合、本契約は、同一条件で自動的に更新されるものとする。

結論的に、**法律が関わる文章でないならば、この文体を用いることはない**と思っていい。この表現は、そのような"法的効力が発生する"あるいは"義務が発生する"という意味で用いられるもので、むしろ特殊な語法と言った方がいいだろう。

h）「のである」は重すぎるのである

　これも、硬い文章を書こうとして使いすぎになりやすい表現である。

文の結び方として、「である」という表現自体、重みを持たせるニュアンスがあるが、さらに「の」を付けた「のである」は、「ということである」に相当する形であるため、もう一段重い。話をまとめて結論を導くところで用いるぐらいでないと、かえって大げさに響く。問いの文章では、文④の最後は全体の結びなので「のである」で違和感がないが、文②の最後にも「のである」が使われていて、少しくどい感じになる。何も決まりはないが、たとえば、パラグラフ１つにつき１回、といった目安を自分で立ててもいいかもしれない。

4. 言葉の使い方に関するチェックポイント

ｉ）指示語に頼りすぎない

　文章の中で、すでに述べた内容を繰り返す代わりに、指示語の「こ」や「そ」で受けることはよくある。同じ言葉を繰り返さずに済むことで文章をすっきりさせてくれそうなのだが──英語ならまさしくそうである──、**日本語の場合、言わなくても文脈上わかる言葉はそもそも言わないで済ますという傾向があるために、指示語がかえって煩わしく感じ**られることがある。問いの文章でも、文②と文③にそうした指示語の例があり、なくても文意に影響がないので、修正版では削ってしまった。

ｊ）話し言葉そのままを書かない

　文章にも様々な種類があるが、**説明文では基本的に、発せられた言葉そのままで書く直接話法は避ける傾向がある**──エッセイならかまわない。ルポルタージュや語りの研究でなければ、他人の意見やコメントなどを「　　」で括る形でそのまま書くことはせず、書き手において咀嚼<ruby>咀嚼<rt>そしゃく</rt></ruby>し要約した形で示す。

　また、**話し言葉的な表現や表記をそのまま使うことも避ける習慣があ**

る。強調の「すごく」や、接続語的な「あと、…」、並列の「…とか」
等々、例は数多い。問いの文③で触れた「いい」などは微妙な線で、
「いい」と「よい」とどちらを使うか、前後の単語や文脈などによっ
て、なかなか決めがたいところがある（本書では読んで柔らかい印象に
したかったので基本的に「いい」の方にそろえた）。

　文末を丁寧体の「です・ます」ではなく普通体の「する」「である」
調にすることも確認しよう。文章の中に時々「です・ます」が混じって
いるものを見ることがあるが、説明文では普通体が原則である[3]。

ｋ）副詞で強調しない、形容詞でごまかさない

　問いの文②にあった例のように、**文中で強調したいことがあると「非
常に」や「きわめて」といった副詞を使いたくなる**。しかし、説明文
や、とりわけ学術的な文章になると、これは効果がない。むしろ、**論理
の力で説得力を増すことができずに、強調の言葉でごまかしているとさ
え感じられ、かえって逆効果**になることもある。説明文ではそうした語
をそもそも使わずに、もし使いたい箇所があったら説明の言葉を加える
というふうに決めてしまってもいいほどである。初めは抵抗があるかも
しれないが、慣れてくれば気にならなくなり、逆に、強調の言葉が散り
ばめられた文章を見ると胡散臭く感じられるようになる。

　同様に、**主観的な印象や判断を表す形容詞で逃げないようにしたい**。
「素晴らしい」「優れた」のような肯定的な意味の語も、客観的事実な
しに用いたものは書き手の主観にすぎないから、**用いたからといってそ
の価値が確かなものになるわけではない**。

ｌ）傍点は何のために？

　強調の言葉同様、単語や表現に傍点を振って強調したくなることもあ

3）本などで「です・ます」体で書かれたものがあるが、それは著者が読者に向
かって話しかけているようなスタイルである。

るかもしれない。実際そうした例を見ることも珍しくない。しかし、基本的にはお勧めしないし、むしろ**傍点に頼ることなく別の言葉で補強することを意識した方が上達につながる**ものと思う。問いの文④の「決して」がその例で、傍点の意味を推測するとしたら、書き手が"声を大にして"言いたいと思っているのだろうかと感じる。しかし、**大きな声で言えば客観性が高まる、ということはない**。客観性は、別の言葉で必要な説明を補うことで高めてほしい。

　第11章の引用文で、名探偵ホームズの優れている点について、「想像力の豊かさ」と傍点が振ってあったのを思い出した人もいるかもしれない。あらためて見てほしい。書き手は、"声を大にして"そう言いたかったのではなく、**"なんと意外なことに"**という注意喚起としてそう言っていることがわかる。似たようなケースとして、２つのことを対比させながら、AではなくBであることが重要だといった具合に書きたいとき、AとBのそれぞれに傍点を振ることがある。

自己添削のチェックポイント

　以上、３つの観点から、12のチェックポイントを見てきた。最後にそれらをリストにしてまとめておく。自分の文章を自己添削する際の目安にしてほしい。

　　１．文の意味に関するチェックポイント
　　　a）長すぎる文に用心
　　　b）多義表現は解消を
　　２．文の形に関するチェックポイント
　　　c）１文に「は」は１つ
　　　d）同じ助詞が続かないように

　　e）その「が」は逆接？

　　f）ねじれ文に注意

　　g）「もの」「こと」を使いすぎない

　　h）「のである」は重すぎるのである

3．言葉の使い方に関するチェックポイント

　　i）指示語に頼りすぎない

　　j）話し言葉そのままを書かない

　　k）副詞で強調しない、形容詞でごまかさない

　　l）傍点は何のために？

15 │ これからも、日本語を書こう

《目標＆ポイント》 全体のまとめとして、日本語で一読してわかってもらえる説明の文章を書くために、必要なことや意識するべきことが何なのかを再確認する。今後の実践についても、具体的な方法を検討する。
《キーワード》 書き続けよう！

1. 本書で学んできたこと

　いよいよ最終章となった。この教科書を初めて開いたときと今を比べて、**文章というものがより近くより具体的に感じられるようになってい**ないだろうか？　"読み""書き"のスキル自体の上手下手はあるし、慣れによってもずいぶん変わってくるが、それ以前にまず、かつては「文章」という抽象的で得体の知れないものだったのが、今や、**わかる文章とわからない文章、客観的な文章と主観的な文章**、といった具合に区別ができるようになっているだろう。それは、文章が評価できるようになったことを意味する。**自分の文章が評価できるようになれば、書くスキルも確実に上がる。**

　「日本語リテラシー」はこれで終わるのではなく、ここまでやってきたことを土台にしながら、これから本当の実践が始まると言うべきだろう。この最終章では、この本で学んできたことをおさらいし、その上でこれからどんなことをしていけばいいかについて、書いておくことにしたい。

①文章の目的と方法を知ろう

　いま書いた部分にも出てくるが、文章が「具体的」に感じられるということが大きい。逆にいえば、ただ「文章が上手になりたい」という願望は抽象的で、あまり答えようがない。本書が最初に説いたのは、**文章にはそれぞれ目的があり、目的に応じた方法がある**ということだった。エッセイにはエッセイの、意見文には意見文の、目的と方法がある。そうした目的や方法を抜きにして、**漠然と「文章が上手になる」ような道があるわけではない。**

　本書が目標とした実務的・学術的な説明の文章にも当然目的と方法があり、それは他の種類の文章とは異なる。したがって、たとえばエッセイ好きの人がエッセイの練習をたくさんしたとしても、**それで説明の文章が上手になるわけではない。**小中高と学校でもずいぶん文章を書かされるが、読書感想文にせよ自由作文にせよ、目的と方法という観点で説明されることはあまりないので、まず目的と方法に対する意識を明確にすることが出発点として重要だと考える。

　説明の文章が何を目的とするかといえば、**どのような考えを持った人であっても、それを読めば同じように内容を理解し同じ結論に達する**ということである。その方法は、**書き手の意見ではなく事実だけで書く**ことによって、主観が混じらないから客観的に同じ結論に達することができるとの考えに立っている。

②使っている言語のクセを知ろう

　本書は日本語での読み・書きだけを対象としている。どの言語にも固有の特徴というものがあるが、**日本語の場合、歴史的な事情から、書くことに大きな特徴がある**と言える。中国語から漢字という文字と大量の単語（漢語）を借り入れたために、文字では漢字と仮名という２系列

が、単語でも漢語と和語という２種類が、基本となった。それらの組み合わせによって、**文章でも漢文系と和文系という２つの系列ができ**、その上に、時代が下ってから西洋的なものが乗る格好となった。

日本人の言語生活において、これはかなり基本的な使い分けのようになっていて、時間とともに**日本語がまとってしまった"クセ"**のようなものである。実務的・学術的な説明の文章は、漢字＝漢語的な系列の典型と言うべきものだが、だからということで**漢語を使いすぎることになりやすい**ので注意したい。漢語を散りばめた文章は、ともすると"張子の虎"になる。新しい外来語も要注意で、何か新しい概念のように見えて、新しいのはきらびやかな名前だけということになりかねない。

「は」と「が」の語りは、学校では習わないが、日本語で何かを言う場合の２つの基本の構えとして、理解し習熟したい。「は」の融通が利きすぎるために、「は」の使いすぎになりやすい。「は」は主題提示ということを押さえた上で、主題でなく「が／の／に／を」でつなぐべきところで「は」を使っていないか、チェックする習慣をつけるといい。

③**"まとまり"と"つながり"が扱えるように**

読むときも書くときも、**文章は"まとまり"と"つながり"**だということを、いつも意識しよう。まとまりは、**基本的にパラグラフが単位**だから、読むときなら中心文（トピック・センテンス）と支持文の集まりをとらえていけばいいが、書くときには、自分でそれを意識しながら、どこに中心文を置き、どのような支持文を配するかを考えながら構成していく必要がある。

つながりの基本は接続語である。練習としては、すべての文に接続語を付けて書くようにし、それを読み直して、なくてもわかる接続語を落としていって、ないとわからないもの（＝必要なもの）と展開を明示し

たいもの（＝ほしいもの）だけを残すようにするのも一法である。接続語が少なくても誤解なく理解できる文章が書けたら、その文章は上手だと言われるだろうが、まずは**上手であることより誤解なく伝わることを優先**したい。

　まとまりとつながりのイメージは、要素を小石、つながりを糸にたとえるとわかりやすい。**要素はそのままではただの小石だが、糸でつなぐとネックレスになる**。ネックレスがまとまりである。ネックレスに、同系色の石でまとめたものと、反対色を置いてアクセントにしているものがあるように、つなぎ方のタイプとして、**論の方向転換があるものとないもの**の違いが大きい。

④事実と意見が分けられるように

　説明の文章を書く一番の基本は、事実と意見の区別を守り、事実だけで書くこと、である。では事実とは何か？と考えたとき、もしかすると意外に難しいのがこの点なのかもしれない。実際に起こった出来事というのが一番わかりやすい事実で、そのほか現実に存在する（した）事物も迷わないところだが、それだけではなくて、**正しいということを証拠によって裏づけることができるものは、どれも事実**である。逆に、いかにももっともらしかったり賛同する人が多かったりしても、裏づけしようがないものは意見である。書き方のスタイルとして、事実を書くスタイルと意見を書くスタイルがあることにも注意しよう。文章の目的に応じて使い分けることも重要である。

　起承転結の文体が、説明文ではなく意見文のスタイルだということも、理解しておきたい点の１つである。起承と来た後に絶妙な転を置き、それらを結で包み込んで、読み手がなるほどと膝を打って賛同してくれるのが起承転結の"名文"だろう。しかし、転を支える根拠は示され

ないことが多く、したがってそれは書き手の意見である。①でも述べた
ように、目指したいのは、読んだ人が誰でも同じ理解に至るような文章
であって、**わかる人にわかってもらえばいいということではない**。転を
抜いた"起承結"はつまらないかもしれない。**つまらなくてもいいから、
一つ一つ根拠を挙げて事実であることがはっきりするような文章**を書け
るようになろう。

⑤論理を味方にしよう

　論理、と聞いただけであまり関わりたくないと思う人もいそうなとこ
ろで、論理学、となるとその数は倍増するかもしれない。けれども、命
題や対偶といった用語に負けず最後まで付き合ってくれた読者は、**論理
学の入口だけでも理解していると安心感が全然違ってくる**ことがわかっ
たのではないだろうか。論理的に、**言えることと言えないこと**があっ
て、しかも、さも言えそうに思える（日常生活では言っていたりする）
ことが実は言えないといったこともよく起こるので、**論理は怖い**と言わ
なければならない。

　論理を味方につけておきたいもう１つの理由は、実は**論理は思考を展
開する"エンジン"**だからでもある。論理を継いで行くことで、出発点か
らずいぶん離れたところにまで行き着くことができる。論理の力なし
に、出発点から離れたところまで行くことはとても考えられない。この
力はぜひ使えるようにしておきたい。

　自分の論じようとしていることが、**経験からの一般化なのか、一般則
の適用なのか**、という論じ方のパターンを理解しておくことも大切だろ
う。帰納というのは身近な事例から論を立てやすいが、「真」まで到達
するのは容易でない。演繹は強力だが論の広がりをつくるのが難しい。
「真」とまでは言えなくても、**十分妥当性があるという推論**も知ってお

きたい。厳密には妥当性の"主張"という言い方になるが。

⑥調べ上手になろう

　問いが大きいものになるほど、**自分の頭の中だけで考えるのは限界がある**。考えぬいたつもりでも、気づいていない角度や観点はあるものだし、類似の問題は、たいがい誰か専門的な人がそれ以前に考えていて、研究論文や本（の一部）としてすでに考察があることが多い。

　学術的な論文などでは、すでに研究成果がある場合にはそれを参照するのが原則なので、それら**先行研究を助けにしながらその先や"すき間"を考えるのが基本のスタンス**となる。**"他人の頭を借りる"ことができるのも大事なスキル**である。自分の頭の中だけで考えようとした文章は独りよがりになりがちである。**世界は自分の頭の中より広い**のだと思ってほしい。

　今の時代、情報はあふれている。逆に、この**情報の海の中から自分に必要なもの選び出し、それを見極めて使う**ということが、むしろ必要な能力になっていると言える。家のパソコンやスマートフォンからでもインターネットの検索は簡単にできてしまうが、ただ検索しただけでは真偽も玉石も混交したままの雑多な情報でしかないから、なかなか使いこなすのは難しい。他方、最近は**大学の図書館機能が大変充実してきており、様々に特化した情報を便利に調べられる**。新聞記事のような情報、学術的な論文や書籍の情報など、かなりのことが調べられ、論文など現物が読める場合もあるので、使わない手はない。ただし、**検索にかからない情報に重要なものがある場合もある**ので、注意しよう。

⑦自分の文章でも直せるように

　自分の書いた文章を自分で直すことは、どこが悪いのか気づくことが

できないから無理だ、と思う人もいるだろう。また、自分の文章にはどうしても思い入れが強くなりがちで、手を入れることに抵抗があるという人もいるだろう。しかし、**客観的というのは、自分の文章であっても他人の文章と同じように見られるということでもある。**

　上で見てきた、事実／意見の違いや論理の展開に関する点は、事柄としてわかっていれば自分でチェックすることができる。**文章表現については自己添削の考え方と方法**を説明した。文の意味に関して、文の形に関して、言葉の使い方に関して、それぞれチェックポイント使いながら文章を評価してみればいい。**練習としては、まず他人の文章を直してみる**のがいいかもしれない。プロの文章でもかまわない。直せるところはいろいろ出てくるだろう。自分だったらこう書く、というふうに直しながら、自分自身の書いた文章も入れていけばいいだろう。**チェックポイントがはっきりすれば、自分の文章でも客観的に見られるようになり、**それができればあまり抵抗なく直せるようになる。

　それでも残るクセはあるだろう。目指すは他人が読んで問題なくわかる文章ということなので、その条件が満たされていれば、それを超える部分のことを「個性」と呼んでいいものかもしれない[1]。

2. 日本語を書くことのススメ

　これまで、文章を実際に書く練習問題として、次のようなものを取り上げてきた。自分や身近な人に関するニュース（「自分ニュース」）［第1章］、他人の文章を読んで書く「要約文」［第4章］、意見文（の論理展開）［第6章］、自分の生まれ故郷の町の説明（「故郷説明」）［第8章］、自分のした買い物の記事（「買い物記事」）［第9章］。このうち、

1）　「個性」として逃げようという魂胆ではないが、筆者自身の文章については、一文が長いこと、カギカッコ「…」とは別に引用符“…”が頻繁に出てくること、そして、文中でダッシュ「──」によるコメントの挿入があること、という癖があるだろう。「　」は言葉そのものや引用のために使い、「〜という考え」や「いわば」に当たるようなときに“　”を使っている（つもりではある）。

要約文と意見文以外は、内容よりも方法を意識した問題であることがわかるだろう——「故郷説明」は中間的と言える。

　これから各自で文章の練習などをしていくときに、**硬い説明文をたくさん書かなくても練習はできる**。もちろん書いてもいいが、そのテーマについて書く動機がないとなかなか筆も進まないだろう。1つ気づかれにくいポイントとして、**方法は方法、内容は内容**、ということがあり、同じ内容であっても、異なった方法による表現が可能なことも多い。そこで、上の例のように、あえて方法を変えて書いてみることをお勧めしたい。**通常とは異なる方法を採ることで、方法的な意識を高められる効果も期待できる**。

　日記のようなものを書く習慣のある人なら、その日の出来事を「自分ニュース」として書いたり、欲しかった物を買ったときには「買い物記事」にして、購入の背景や経緯まで記録することができる。他愛のない遊び半分の手法だが、いくつか書くうちに方法が身につくだろう。そうすると、述べ方の順番や表現や単語の選び方まで、ある方向の中に収まってくるので、必要なときに別の内容で書いても対応することができる。

方法的練習

　このほかにも、方法的な意識を高めるために、試してみる価値のありそうなことがある。いくつか挙げると、

　　・「は」を使わずに文章を書いてみる
　　・読書したら感想文ではなく書評を書く
　　・短文投稿サイト（ツイッター）を活用する
といったことが思い浮かぶ。

　1つ目は、語り口という文章の形に関係する。第1節の②でも触れたように、「は」は大変融通が利くという点で"日本語らしさ"を作る1つの要因とも言えるが、そのせいで使いすぎになりやすい。日常のメモ書きなどでは「は」を使うことは少ないが、文章が少し長くなってくると「は」が大活躍する。しかし、使いすぎると、その部分の主題が何なのかがわからなくなってしまう。そこで、**あえて「は」を一切使わずに文章を書いてみよう**。「は」がなくとも文章は書ける。そうして書いた文章は語り口が異なるだろう。それを自分で読み返すことで、**ふだん「は」のしている働きが感じられる**と思う。

　読書といえば読書感想文が定番だが、それは学校でのことである。本を読んだら、**一読者としてその本を評価する**ことができる。それが**書評**である。ただの感想ではなく、その本が何を・どのように述べていたか、それによって何が明らかになった（ように思われた）か、逆に、不備が感じられた場合にはどのような不備か、といったことを書く。意見と説明の中間のような文章である。実例として、筆者が以前にある雑誌に書いた小さな書評を1つ掲げておく。

──**（書評文）**──────────────────

　書評：　橋本 治著『ちゃんと話すための敬語の本』

　橋本治が敬語の本を書いた。あの『桃尻語訳枕草子』の人である。

　敬語は人と人との距離を前提とした言葉で、敬語の使用は相手に対する距離感を表す、というのが論の核心。これだけでも新鮮だが、距離の敬語論を非敬語（タメ語）から説いてしまうところに橋本治が躍動する。親密さと無関係に使われたタメ語は、距離感を欠いた無神経な言葉にしかならないんだよ、と語りかける。

　距離の尺度は、呼称のような問題も同じ土俵に乗せることができる。

「殿」や「あなた」のような間接表現はその距離ゆえに敬称となり、相手を「おのれ」や「自分」と呼べば、自他を融合させる距離のなさが、"タメ"を通り越して卑称にする。

　「敬意」の呪縛を解く異能の人の敬語論。対象読者の中高生ならずとも、ぜひ読んでみたい。（ちくまプリマー新書、筑摩書房、128p.）

『月刊言語』2005年5月号（大修館書店）

　人に勧めたいと思って書く書評は宣伝に近くなる。この書評は、著者に代わって宣伝するぐらいのつもりで書いた。ちなみに、語数はタイトルなど含めて400字ほどである。最近ではインターネット書店などで、「カスタマーレビュー」といった名称で読者が自由に書評を投稿できるようになっているし、書評専門のウェブサイトなどもあるので、インターネットを使う人は投稿してみたらどうだろう？

　3つ目の「**短文投稿サイト（ツイッター）**」は、冗談かと思われたかもしれないが、そうでもない。面白いのは、**字数制限のある文章というのが意外に難しい**ということで、いい練習になりそうに思われた。「ツイッター[2]」の場合、1回の投稿は140文字以内となっている（漢字や仮名でもアルファベットでも同じ）。慣れないうちは、ある出来事を140字に収めることも難しく、何度も削ってようやく収めるような具合なのが、慣れてくると140字が逆に長く思えてきて、どんどん短くなるということが起こる[3]。**そのつもりになれば短く書ける**というのが面白い。

　このように、文章を書く方法と形式に着目することで、ずいぶんいろいろな練習が可能となる。これだけでもかなり文章が書けるようになる

2）　https://twitter.com/

3）　これは筆者自身の経験したことである。もちろん個人差はあるだろうが、いつも見ている他人の投稿も、全般的に短いものが多いし、言葉は短いのにとらえ方が上手だと思わせられることも多い。反面、短い言葉の宿命として、誤解も多く発生する。

と考えるが、もう半面が内容の問題だということも忘れないでおきたい。**内容面に関しては、論理の問題、とりわけ、接続と推論への習熟度が大きくものを言う。**

　接続語については、読むときも書くときも、しばらくの間気にし続けるというのが基本だと思う。推論については、事が単純でない分だけ習熟にも時間がかかるだろう。しかし、たとえば**他人の文章を読むときに、正しい推論になっているかを気にしながら読んでみる**というのは良い方法である。世の中には誤った推論が実はたくさんあるということにも気づくかもしれないが、自分でものを書くときにも慎重にチェックするようになるから、効果はたしかにあるだろう。

　そうした練習は積んでほしいが、内容をしっかり考えるための最適な手段といえば、**授業を受けた後に課されるレポートを、しっかりした論証型の文章で書いてみる**ことである。初めはとても書けそうにないと思っても、がんばって1つを最後まで仕上げると、次にはそれがあまり苦労せずにできるようになる。その次には当たり前のように感じられてくる。そのようにして、**ふと気づいたら書けるようになっていた**、というのが文章の上達だと思う。

　これから、各人が各人の「日本語リテラシー」を深め、日本語を"読み""書く"ことをより一層楽しんでもらえたら、筆者としてそれ以上の望みはない。その先に、卒業研究にチャレンジしたいと思う人が出てきたりするなら、なおうれしい。

付記

　これまでの各章を読みながら、**この教科書の文章は説明文か？**との疑問を抱いた人もいたことと思う。答えは、**説明文と意見文が混在している**、というものである。説明文の書き方を説く本の文章が説明文でないのは如何？と思われるかもしれないが、次のような事情がある。

　「日本語との付き合い方」の章などは、日本語学という学問に支えられた"事実"を書いているので、説明文と言っていい。論理（学）に関係する章も、論理学的な話になるほど純粋な説明文となるが、接続語の使い方の説明する部分などは、筆者の判断として良し悪しを述べているわけだから、意見文ということになる。さらには、どうやったらわかりやすい説明文が書けるようになるか？あるいは、明快なレポートが書けるようなるか？といった問いになると、既定の"正解"があるとは言えなくなる。類書で比較的よく説かれていることや、筆者自身の経験や信念に依拠しながら、**最も汎用性が高いと信じる筆者の見解を述べたもの**、ということになるだろう。したがって、そうした部分は意見文である。そもそも文章が上手になる方法というテーマ自体が、実は主観的な価値に関するものである。**"コツ"の伝授**という言い方に変えれば、了解されるのではないだろうか。

　しかしそうだとすると、本書だけの勘違いはないのかといった不安を、読者に与えることともなる。そうした点の確認も兼ねて、次ページの**「文献案内」**に、いくつか参考書を紹介しておきたい。名だたる作家らによる『文章読本』はいくつもあるが、それらは基本的に"名文"とはどういうものか？を述べているので、ここでは１冊も挙げていない。挙げたのは、本文中で言及したものを含め、実務的・学術的な文章技術を説いたもの、論理に関するもの、そしてレポートや論文の書き方に関するものである（本文中ですでに紹介したものも省かずに挙げた）。それ

それに力点の置き方などが異なってはいても、基本線はおおむね同じと
言えるだろう。

文献案内
１．全般的な文章技術に関するもの
　木下是雄（1981）『理科系の作文技術』（中公新書）中央公論新社
　野内良三（2010）『日本語作文術』（中公新書）中央公論新社
２．論理に関するもの
　野矢茂樹（1997）『論理トレーニング』産業図書
　野矢茂樹（2001）『論理トレーニング101題』産業図書
３．レポート作成法に関するもの
　戸田山和久（2012）『新版 論文の教室―レポートから卒論まで』（N
　　HKブックス）NHK出版
　佐渡島紗織・吉野亜矢子（2008）『これから研究を書くひとのための
　　ガイドブック ―ライティングの挑戦15週間』ひつじ書房

索引

●配列は五十音順，＊は人名を示す。斜字（イタリック）体は語例。

256

260

著者紹介

滝浦　真人（たきうら・まさと）

1962年	岩手県生まれ。小学校から高校まで，仙台で育つ。
1985年	東京大学文学部言語学専修課程卒業
1988年	東京大学大学院人文科学研究科言語学専攻修士課程修了
1992年	同　博士課程中退
1992年～	共立女子短期大学専任講師～助教授，麗澤大学助教授～教授を歴任
2013年～	放送大学教養学部・同大学院文化科学研究科教授
主な著書	『お喋りなことば』（小学館，2000年）

『日本の敬語論　ポライトネス理論からの再検討』（大修館書店，2005年）

『ポライトネス入門』（研究社，2008年）

『山田孝雄　共同体の国学の夢』（講談社，2009年）

『日本語は親しさを伝えられるか』（岩波書店，2013年）

〈以上単著〉

『語用論研究法ガイドブック』（加藤重広氏と共編著，ひつじ書房，2016年）

〈以上共編著〉

『日本語とコミュニケーション』（大橋理枝教授と共著，2015年）

『新しい言語学』（編著，2018年）

『日本語学入門』（編著，2020年）

『改訂版　日本語アカデミックライティング』（編著，2022年）

〈以上，いずれも放送大学教育振興会〉

ほか

放送大学教材　1150030-1-2111（テレビ）

改訂版　日本語リテラシー

発　行　　2021年3月20日　第1刷
　　　　　2023年1月20日　第2刷
著　者　　滝浦真人
発行所　　一般財団法人　放送大学教育振興会
　　　　　〒105-0001　東京都港区虎ノ門1-14-1　郵政福祉琴平ビル
　　　　　電話　03（3502）2750

Printed in Japan　ISBN978-4-595-32253-2　C1381